希望您在聆听与阅读中去感受，
更加喜爱我们的文化遗产，
参与到保护和传承文化遗产中来。

故宫的声音

故宫的声音

单霁翔 著

周高亮 摄影

故宫出版社

目录

辑二

辑三

辑四

辑五

结束语

序章

大家好，我是单霁翔。听故宫里不同的声音，感受不一样的紫禁城。

我从小在四合院里长大，没想到自己会到世界上最大的四合院里来工作。四合院里春、夏、秋、冬季节分明，在这里可以接地气，可以望天空。今天，我要把这些恢宏的皇家古建筑变成各种各样的声音，请大家去听。让声音入耳，让历史入心，让大家不再把故宫当成一个普通的景点去游览。

我曾是故宫的看门人，到故宫看门以后，每天早晨8点，我都要向西沿故宫巡查一圈。穿着布鞋走在故宫里，当朝霞满天的时候，当日落西山的时候，当月亮升起的时候……望着故宫，我心底就漫出一种静静守护故宫的幸福。

紫禁城的600多年承载了很多历史与记忆，更见证了时代的变化。当下，无论是博物馆界，还是与之相关的学术界、文物界，甚至是媒体领域，都在思考变革，也都处在变革之中。长期以来，博物馆人心里起急，嘴上抱怨。因为在这里展览的这些珍贵文物，既含有历史，又含有文化，但当人们参观博物馆时，却总是缺乏兴致，冰冷、单调成为展柜里文物的代名词。很多人只是匆匆地在相机里留下几张影像，便离开了。

如何让这些文化遗产资源活起来，是故宫博物院应该思考的问题。我发现，文物本身就是活的，岁月不会悄悄流逝而不在它们身上留下痕迹，只是我们缺少去发现的眼睛。即便在我们还不具备历史知识的时候，也应该保持这种好奇心去贴近它们，去仔细听听它们的声音，这才能使文物获得应有的尊严。

我相信文化远在器物之上，在“要系统梳理传统文化资源，让收藏在禁宫里的文物、陈列在广阔大地上的遗产、书写在古籍里的文字都活起来”的精神指导下，故宫博物院坚定不移地贯彻“让文物活起来”的理念。

今天，故宫博物院的建设和发展得到了社会各界的支持。故宫博物院要通过更好的方式来让大家了解故宫。我想还没有人从“故宫里的声音”这个角度讲过故宫。我讲述故宫的声音，是想让每一件文物呼吸，让每一件文物发

声。除了故宫的文物，故宫本身的历史，现在受到大家喜爱的故宫文创，以及故宫里的工作人员、故宫的活动也成为故宫不可或缺的一部分。听见他们的声音，也应该是我们了解故宫历史和现在的重要视角。

我希望以一种感同身受的方式，让大家了解甚至理解真正的故宫，因为要实现把一个壮美的紫禁城完整地交给下一个600年的庄严承诺，需要大家共同的努力。

谢谢大家！

辑一

故宫开门声

旧貌换新颜，吱呀声经年不改

大家好，我是单霁翔。46 种不同的声音，让你听到不一样的故宫。

今天的声音，是我们在故宫参观时可能会忽略的声音——开门的声音。

人们在游览观赏故宫景致的时候，往往都是走一条中轴线，所行之处往往宫门大开。正因为这样，我们总是会忽略行走宫中一项重要的体验——开门、关门和穿越宫门。

要知道，开门、关门这样现在看来平平无奇的举动，在以前可是非常有讲究的。明清两朝，紫禁城里什么时候开门，什么时候关门，什么人在什么时间因为什么事儿走哪一道宫门……这些规制十分细致，也十分严格。皇权集中的威严可以在这些宫门之上充分显露出来，巍巍华夏礼仪之邦的文化内涵也在这宫门上深刻体现。

今天，我们就来讲一讲紫禁城宫门的那些历史往事。

紫禁城从明朝建造初始，就有四大城门——午门、东华门、西华门、玄武门。清朝沿袭旧制，只是把玄武门改名，变成了现在我们熟知的神武门。

这四大城门在形制上大同小异。巍峨的城门和护城墙相连，再连同城墙外环绕的护城河和角楼，城门、城墙、角楼、护城河四位一体，共同构成紫禁城严密坚固的防护设

从景山南望紫禁城

施。在古代，住在城内城外的两群人虽然生活在同一片天空之下，但社会地位却有着非常大的差距，而这四四方方的城门，就成为沟通两方的桥梁。

午门，是仅次于紫禁城正殿的重要建筑。它在紫禁城南部正中的位置，位当午位，是四座宫门之中规制最高，也是看起来最为庄严的一座。午门正中央的门是皇帝专用的。没错，就是说一般情况下只允许皇帝一人行走。但是也有一些特别的时刻可以让其他人走过。比如在皇帝大婚时，皇后就可以从中门进入紫禁城；再比如科举之后，中鼎甲的状元、榜眼、探花，也就是举国上下瞩目的读书人，未来的国之栋梁，在宣布殿试结果后也可以从中门走出紫禁城。其他时候，例如上朝时，文武大臣都从左侧门出

午门

西华门

东华门

神武门

午门内的太和门广场

入，宗室王公都从右侧门出入。由此可见，午门的出入有严格的等级区分，不可逾越。其他城门亦是如此。

东华门和西华门分列在紫禁城东西两侧。这两门可以弥补宫禁出入的不便，内阁大臣和一些老臣可以从这里进入。与西华门相比，东华门的地位较低。清朝皇帝死后，他们的棺椁都由东华门抬出，宫内妃嫔、皇子死后灵柩也由东华门出宫。因此，民间百姓也会管东华门叫鬼门。

神武门是紫禁城的后门，和午门一样在中轴线上。神武门的使用频率非常高，修建得十分华美。门楼高大宽阔，楼外有汉白玉栏杆环绕，城楼里面摆放着钟、鼓，钦天监在这里设有官员，负责指示每天的打更报时工作。

相较于庄严的午门来说，神武门则带了一点市井烟火气。能从神武门这里走的人，身份就丰富多了。不仅皇帝、妃嫔从这里进出，官员、太监、工匠也可以从这里出入。我们在影视剧中常见到选秀女的情节，秀女入宫就是从神武门进的。但依旧只有皇帝、皇后才能走中门，其他人走侧门。明清两朝

神武门漫步

都曾在神武门外一带设立过市集，在这里流通的商品通常都十分精美稀罕，开市的时候人来人往，非常热闹。

紫禁城开始修建是在明成祖永乐四年（1406年），到永乐十八年（1420年）修建完成。此后，这里成为历代皇帝的住所以及当时的政治中心。皇帝命令、国家要事的决策都从紫禁城内，经由四大城门发出，层层下达。

紫禁城的这四个城门管控得这么严格，等级这样分明，可以说，这些门的任何细节都和皇家威仪扯上了关系，一点错漏也不能出。但是如果我们仔细观察的话就会发现，东华门的门钉只有八行，跟其他三座门的九行有着一行的差异，这一差异，在400多年

前，曾经引发了一场震动朝野的风波。

1521年农历三月，明武宗正德皇帝朱厚照驾崩，他没有儿子。于是，皇太后决定由湖北的藩王朱厚熜继承皇位。礼部本来是拟定朱厚熜由东华门进入紫禁城，先到文华殿，追认皇太子的身份后，再继承皇位。但是门钉少了一行的东华门在等级上低于午门、神武门，也低于西华门。明朝皇帝多从皇城的大明门出行，几乎不走东华门，反而是太子才会常常从这个门走。为继承皇位而来的朱厚熜不同意从东华门进入，他说："我是来当皇帝的，怎么能以皇太子的身份入宫呢？"最后，还是皇太后妥协，朱厚熜如愿走大明门经正中御路进宫继位，这便是后来的明世宗嘉靖皇帝。这场牵动朝野的入门礼仪之争，才暂时告一段落。

从这件事可以看出来，这紫禁城的门如何进如何出，关系着皇家的秩序和威严，是要认真对待的大事。在繁华的紫禁城中，一日之内有无数官员大臣、宫人侍从按规矩从城门、宫门间穿梭而过。这样有秩序的繁忙，是国家运作良好的体现。

但是紫禁城的门，不只见证了这样的繁

东华门门钉

东华门门钉（局部）

宫殿的门

华景象，还见证了各种落魄。如明朝末年，李自成率领的农民起义军攻陷北京皇城的时候，当时的崇祯皇帝朱由检被逼得走投无路，只好从神武门仓皇逃出紫禁城，跑到了煤山也就是现在的景山，在一棵槐树下自缢而亡。一代帝王，从自家后门出逃，万念俱灰之下选择结束自己的生命。这是何等的凄惨！大明王朝的风华也就这样落幕了。

如今，四大城门被修葺一新，并被科学地保护了起来。这些掩藏在重重宫门之后的历史被逐渐发掘出来，焕发了新的生机。每天，络绎不绝的观众来到故宫，怀着尊重和热爱之情跨过一道又一道宫门。我想，也许大家并不会留意这些宫门开关时发出的声音，但是这些宫门存在的意义却已经得到了实现。因为现在这些宫门并不会把普通人拒之门外，而是敞开怀抱，迎接八方来客，让更多的人穿过这些宫门，欣赏中国悠久的历史文化，感受门内门外的多元文化魅力。

自动讲解器的声音

故宫有哪些不一样的参观体验

大家好，我是单霁翔。46种不同的声音，让你听到不一样的故宫。

今天的声音，是自动讲解器的声音。

大家在一些景区、接待活动场所、学堂或专家做演讲的地方，通常会看到一个小小的东西。它既可以挂在说话者的耳朵上，也可以挂在聆听者的耳朵上，在故宫参观的时候更是常见，那就是讲解器。

故宫讲解器可以为观众提供人性化的电子导游和讲解服务，尤其在疫情期间，自动讲解器既可以避免人员聚集引发交叉感染，对于观众来说，还可以不受拘束地随心漫步于故宫之中，不必为赶行程而匆忙前行。每到一个相关景点，观众就可以停下脚步，聆听历史的声音。目前故宫博物院的自动讲解器，可能是全球语言最丰富的博物馆自动讲解器，提供了近40种语言供观众选择，包括不同国家的语言、一些民族的语言和地方方言，例如粤语、闽南话等。此外，讲解器的讲解词还是由资深专家编写、专人录制的，有多个版本可以供大家选择。

最近几年来，故宫博物院为了提升观众的参观体验，一直在想办法提供更全面和更贴心的配套服务。

比如检票和安检环节的改善。有一段时间，检票是验票员站在铁栏杆里，观众从铁

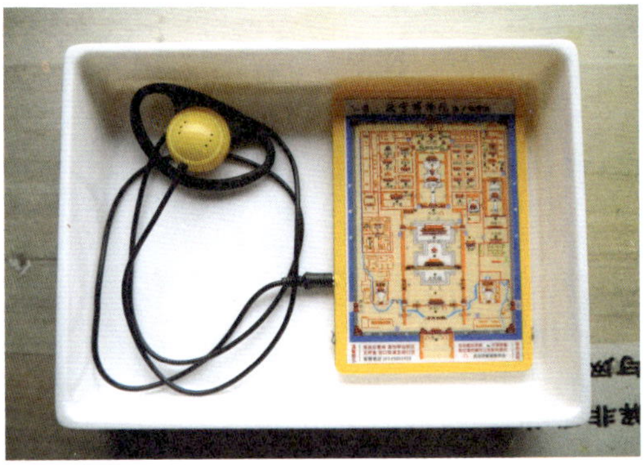

讲解器

多种语言的讲解器

讲解服务

多种语言的讲解

栏杆中间进入，安检环节是安检机设置在午门门洞里面，把门洞堵了一半。这就导致验票需要排队，安检还要再排一次队。一到旺季，午门外人们挤成一团。为了改变这种混乱拥挤的状况，午门外拆除了验票栏杆，移走了安检机。在午门广场上东西两侧设置验票和安检设施，观众不用等候多长时间，就能带着好心情、好体力进入故宫博物院参观了。

为了更好地引导观众游览故宫，我们还对全院的标识牌进行全面整治、提升，统一设计成与古建筑环境相协调的样式，并且在三岔路口、十字路口、有卫生间的地方、有展览的地方设置了500多个标识牌。随着数字技术的进步，故宫博物院也增设了电子标识牌，可以把每天最新的信息告知观众。

讲文明 树新风
请用文明
尺子丈量自己
珍宝馆
钟表馆
西六宫区域地图
永寿宫
太极殿
翊坤宫
储秀宫
御花园
东六宫
珍宝馆
广播室
急救站
太和殿
西六宫
御花园

标识牌

故宫这么大，观众游览累了想要休息怎么办？在以前，观众在故宫博物院里走累了想要休息，是个困难的事情。比如过去在御花园，到处都是铁栏杆，只有一条条的石子甬道，走累了就只能坐在铁栏杆上，或者蹲在地上。为了让大家有尊严地休息，我们拆除了大量铁栏杆，有效扩大了观赏空间，还增加了几十处观众座椅。为了解决故宫里休息座椅少的问题，我们专门组织研发了适合大流量观众、与故宫的红墙黄瓦环境协调的座椅和树凳。光是第一年就做了1400把，并且这个数量随着开放区域的扩大还在不断增加。现在，观众在故宫博物院里，能够舒服地坐在椅子上休息，休息好了才能有心情和体力更好地享受故宫文化。

随着科技的进步，故宫对于观众服务的

与红墙黄瓦环境协调的座椅和树凳

管理也逐渐向精细化发展，其中最明显的例子就是“厕所革命”。

20世纪50年代的时候，美术界的泰斗黄永玉先生曾经是故宫的常客。那时故宫的卫生间被称为“流沙河”。转眼60多年过去，黄永玉先生年龄大了，没办法亲自去故宫参观，但他常常在杂志和报纸里，或是从朋友那里听到故宫博物院的新变化。记得在“影响中国”2018年年度人物评选中，我被评为“年度文化人物”，在荣誉盛典活动中，为我颁奖的正是黄永玉先生。颁奖过程中，他只问了我一个问题，那就是：“故宫的洗手间怎么样了？”我想，大家跟黄永玉先生一样也很关注故宫厕所的变化吧。

长期以来，不少观众抱怨在故宫博物院“如厕难”，尤其是一到黄金周、小长假，卫生间门口就更是排起长龙。在女士的卫生间前，队伍会更长。然而，“如厕难”这个问题还真没有难倒“故宫人”。大家知道现在故宫的男女卫生间比例吗？那可不是一般以为的1:1，这与故宫博物院工作团队进行研究后得出的结论有关。经过研究，我们发现，故宫女士的卫生间数量应该是男士卫生间数量的2.6倍。

紫禁书院东卫生间

为此，故宫对全院卫生间进行了增建和调整。端门广场区域公共卫生间严重不足，我们就在那里扩建了卫生间，甚至将一个职工食堂也改造成了卫生间，满足观众需要。一到旺季，西边卫生间为女士专用，东边卫生间男女对半，两边卫生间相隔50米。经过试验，非常成功，即使在旺季，观众也不用在卫生间门口排长队了。

除了数量上的完善，故宫的厕所在设计上也十分雅致，以紫禁书院东卫生间为例，米色的主色调、复古的隔间推门、古铜色的洗手池、精美的装饰画，都在为观众营造更舒心的环境。

除了“厕所革命”，我们还观察到经常

有母亲抱着孩子躲在角落里换尿不湿、喂奶，十分尴尬。于是，我们在乾清门广场西侧最好的位置设立了母婴室，让带着孩子来故宫参观的妈妈们也能拥有良好的参观体验。母婴室中设施十分全面，设有三个独立哺乳室、母婴卫生间以及一系列的护理设施，包括专业带安全扣的婴幼儿护理台、45摄氏度恒温温奶器、冷热水洗手池、婴幼儿湿巾、婴幼儿座椅等。所有材料都采用优质产品，家长和孩子们可以放心使用。

母婴室

为了给观众提供更好的服务，2019年3月，故宫博物院与华为公司签署了战略合作协议，共同建设“5G故宫”。主要目标有两个：一是全时空、全天候监测不可移动文物、可移动文物的保护状况；二是为观众提供更好的服务。

希望再过一段时间，观众走进故宫博物院，打开手机就能知道今天有多少项展览、展览是什么内容、展览在什么位置、展厅里面有多少人在参观。如果想上卫生间，打开手机就可以知道距离最近的卫生间在什么地方、有几个坑位空着。想喝茶了，打开手机就可以知道有几个茶室正在开放、沏的是什么茶、有什么新书可以看。想买故宫文化创意产品，打开手机就可以知道哪个地方正在售卖、存量有多少……

总之，故宫博物院所做的一切，都是为了让观众获得更好的参观体验。欢迎大家来故宫游玩观赏，体验故宫的服务，也衷心期待大家对故宫提出宝贵的建议。

水法声

御花园游览终极攻略

大家好，我是单霁翔。46种不同的声音，让你听到不一样的故宫。

今天的声音，是来自故宫御花园水法（喷泉）的声音。

刚刚我们听到的水声是故宫中唯一的一处水法（喷泉）发出的声音。可能大家要问，这不就是喷泉吗，为什么要说成水法？其实，人工喷泉原本是西洋园林建筑里的景观，18世纪初传入中国时，取了机械引水以成戏法的意思，于是就翻译成了水法。

清朝乾隆年间，在紫禁城御花园堆秀山的山南面两侧，设置了一对石狮驮石盆，石盆里有石蟠龙喷泉；又在山腰处设了四口铜缸储水，用管道相连，利用山势高差形成水压。水从山下石蟠龙口中喷出，喷出来的水柱能达到十多米的高度，特别壮观。

今天，这座壮观的水法仍然能够在故宫御花园里看到。经常看电视的朋友对御花园应该不会陌生，这里主要供后宫嫔妃们休息、游玩，也有祭祀、读书等用途。很多电视剧里，推动剧情发展的情节都发生在御花园。比如电视剧《甄嬛传》中，女主角甄嬛和皇帝第一次相遇就在御花园。

那么在真实的历史中，御花园是怎样的呢？晚清的时候，慈禧太后特别喜欢逛御花园。西方照相技术传入中国以后，慈禧太后留下了许多照片，有不少就是在游览御花园

御花园的水法

养性斋

时拍下的。

清朝最后一位皇帝溥仪退位后，依照《清室优待条件》，依旧住在紫禁城里。他学习英文的场所就在御花园的养性斋中。1924年，溥仪还在养性斋会见了印度大文豪泰戈尔。泰戈尔特别喜欢御花园里的景致和布置，对阁楼里乾隆皇帝的楹联也很感兴趣。溥仪与泰戈尔还有一张合影流传下来，拍摄地点就在御花园西部的四神祠前。照片中泰戈尔站在平地上，溥仪站在高一级的台阶上，表现出大文豪泰戈尔对古老且具有高度文明的中国文化的尊重，也是对溥仪接受新思想和新文化的赞赏。

到了今天，御花园对所有公众开放。第一次见到御花园的观众可能会很意外，觉得

溥仪和泰戈尔在御花园合影

它不像电视里看到的那么阔大气派。其实，御花园就相当于400米跑道内圈的面积，不到10分钟就可以走完。虽然面积不大，但御花园里所汇集的古代建筑智慧，却很值得大家仔细游赏。

明朝永乐十八年（1420年），御花园正式落成。它坐落在紫禁城中轴线的北端，坤宁宫的后方，明朝叫宫后苑，到了清朝雍正年间才改叫御花园。御花园虽然不大，但风景俱全，布局紧凑，古代园林中常见的亭台楼榭、假山怪石、繁盛花木这里都有，而且更加精致。全园建筑有20多处，细节丰富，值得细细品味。

举个例子，御花园里的甬路铺设就很有

御花园甬路上的图案

玄机。这个甬路用不同颜色的卵石，组成了900余幅不同的图案，其中有人物、花卉、景物、戏剧、典故等。观众可以一边走一边欣赏，体会不一样的乐趣。

御花园里的制高点是明朝万历年间（1573~1620年）修建的堆绣山，在御花园的东北部。整座山是匠人们用各种奇形怪状的太湖石堆砌出来的。堆山匠人称这种手法为堆绣式，所以这座山叫作堆绣

堆秀山

堆秀山旧影

山（清朝乾隆帝改为堆秀山）。山高约10米，背靠高大的宫墙，岩石陡峭、腾空而立，十分精巧。山下有三条路可以到达山顶，山顶有一座御景亭。清朝时每到重阳节，皇帝、皇后有时会登上堆秀山，到御景亭眺望风景。

前面提到，堆秀山山前设计了水法景观。可惜到了清朝末年，国家内忧外患，无暇维护。等到1952年想要恢复喷泉时，输水管道已经因为长期闲置而堵塞损坏，所以就重新设计了上下水和排水方案，用自来水管代替了原来储水的铜缸。可惜因为维护不便，之后喷泉也经常停用。

2014年，为了迎接故宫博物院建院89周年院庆，我们重新恢复了堆秀山水法景观。考虑到堆秀山的安全，沿用了1952年的自来水系统，并加上了资源循环利用装置。这是故宫里仅存的水法了，观众朋友们去故宫参观时可千万不要错过。

恢复堆秀山水法其实是我们御花园整治的一部分。御花园在紫禁城内廷的最北部，现在基本上是观众们参观故宫的最后一站。再加上地小景多，每逢长假，总会成为故宫博物院最拥堵的地方之一。特别是过去，御花园里有餐饮区，经常有观众聚在一起，啃面包、吃方便面，影响了大家的游园氛围，还造成安全隐患。

2013年“平安故宫”实施以后，我们给

御花园诊断了九大症结，包括石子路破损、假山偶有滚石、通道狭窄、大片土地裸露、古树名木有安全隐患、铁护栏等现代物件多、不文明参观、缺少观众座椅、在花园里吃东西等。

针对这九大症结，故宫博物院用了一年的时间对御花园进行整治，通过一系列“组合拳”，使御花园回归了古典园林之美。

比如撤除御花园内所有售卖食品的商铺，御花园从此不再售卖食品。游客休息场所也从御花园内南移至坤宁门东西两侧区域，且提供更优质周到的服务，还增设了免费无线网络。观众可以在那里短时休息，还可以通过官方网站、微博、微信等信息平台，了解更丰富的参观信息。同时，御花园内增设了一批“贵妃靠”座椅，可以供400

御花园里的座椅

人同时休息。

过去御花园里护栏的形式多、数量多，大面积闲置空间都没有很好地利用，影响了观众的活动，还增加了安全隐患。于是，故宫把多余的不规则的护栏拆掉，对石雕、盆景、假山石等室外文物，采用绿植进行了软隔离，或者用石栏杆作围挡，整体提升了古典园林的文化氛围。比如澄瑞亭的水池，以往总有观众往水池里投硬币。故宫先后尝试了五种围挡模式，希望阻止这一行为。最后发现，半人高的绿篱围挡最有效。观众往往有从众心理，这种围挡有一定的厚度，观众需要探身才能看到硬币投的地方，慢慢地就很少再有这种不文明的行为了。

我们还把石子路两旁裸露的土地铺上了防护透水板。这不仅避免了刮风时尘土飞扬，还让御花园里的通道面积比原来增加了一倍。观众的参观空间变多了，石子路面的磨损也明显减少了，彩色石子路修复工程也得以有序进行。

垫上了防腐木板

此外，在园林部门的指导下，全园内的树坑都垫上了防腐木板，为树木创造出更好的生长空间，也是对古代园林树木的一种保护。

总之，多管齐下的整治，就是希望大家去御花园游览时，体验到的是纯粹的古典园林之美。

手铲的声音

在故宫，不只有展览

大家好，我是单霁翔。46种不同的声音，让你听到不一样的故宫。

今天的声音，是考古发掘的手铲声。

大家可能会疑惑，故宫博物院里怎么还有考古工地呢？其实，故宫的地下世界和地上世界一样精彩。

作为元、明、清三代都城的核心，故宫地下叠压着北京城的历史。明、清北京是在元大都的基础上建成的，但多年来，元代皇宫的具体位置和元大都中轴线是否与明、清北京中轴线重合等问题，学界一直没有定论，各方观点大多依据文献进行推论，没有得到考古实证。所以，要确认元代大内和北京中轴线的沿革，考古发掘至关重要。

不过，在故宫做考古是一件很难的事。故宫是世界文化遗产、国家重点文物保护单位，不能随意动土，只能在必要的基础设施建设过程中配合清理，同时还要保护地下遗存，所以只能随着一些刚性的基建走，在最极限的面积内细致收集信息，形象地说，就相当于做微创手术。

就是这样一种拼图式的考古发掘，也带来了惊人的考古发现。2015年7月，隆宗门西至断虹桥一带进行消防管道更换工程，在隆宗门西广场北侧、内务府各司值房南侧开挖一条东西向施工沟。在施工沟南北壁，故宫考古人员惊喜地发现了重要遗迹，随后经国家文物局批准开展抢救性考古发掘。经过2015、2016两年度的田野工作，发现了元、明、清三个时期的建筑遗迹依次叠压，并且首次发现元代大内建筑的磉墩和夯土层遗存。

这一发现对研究元、明、清三代的皇宫和北京中轴线的变迁都有极为重要的意义。这一学术成果对“北京中轴线”申遗也有非常大的帮助。

说到故宫考古，就不得不提到一个人，那就是1987年调到故宫博物院担任院长的张忠培先生。张忠培先生是一位考古大家，他的一生堪称一部中国当代考古的

故宫考古工地

慈宁宫门前考古工地

断虹桥

谢辰生、张忠培先生考察故宫考古工地

微缩历史。

在故宫工作的近30年中，张忠培先生不仅对中国的考古事业鞠躬尽瘁，而且为故宫博物院的发展做出了非常大的贡献。他为故宫博物院引进了第一批大学生，今天这批人已成为故宫各学科领域的学术带头人。卸任院长之后，张先生仍然一直关怀和指导故宫的学术发展。

2013年，故宫研究院成立，设立考古研究所。故宫考古研究所，以皇家遗存考古、古陶瓷及窑址考古和院藏文物研究为基础，在中国古代文明形成、发展与特点宏观课题下，致力于与考古相关的古陶瓷、青铜器、玉器、建筑、宗教、美术文物等相关研究。

长期以来，故宫博物院非常注意对古陶瓷和古窑址的研究。前人研究古陶瓷，大都关注文献和传世文物，不太重视野外考察。但故宫博物院原古陶瓷研究部主任陈万里先生却不一样，他是我国第一位走出书斋，运用考古学的方法对古窑址进行实地考察的学者。

从1928年起，为了考察浙江龙泉青瓷，

成立故宫研究院

陈万里先生曾“八去龙泉，七访绍兴”，搜集了大量瓷片标本。经过研究，陈先生完成了中国第一部瓷器田野考察报告《瓷器与浙江》，引起世界关注。由此，陈万里倡导的以古窑址调查和古墓葬发掘互相印证的科学方法，为我国古陶瓷研究奠定了基础。

“考古”“田野考察”这些词，可能大家听起来觉得很酷，实际上过程非常艰辛。2019年为了更好地了解藏传佛教艺术的发展面貌，故宫研究院藏传佛教文物研究所组建考察队前往西藏地区开展田野考察，历时33天，行程达8000余千米，平均海拔在3800米。

有一次，为了考察两座石窟，队员们

早早出发，先是在山路上开车行进约5个小时，接着徒步近4个小时，才抵达目的地。由于在天黑前必须下山，所以提取资料完成后，考察队又赶紧回撤，在第二天凌晨两点终于抵达宾馆。像这样通勤八小时，工作两小时可不是谁都吃得消的。

听到这里，大家可能已经意识到了，故宫不仅是收藏文物、举办展览的博物馆，还是一个覆盖很多门类的学术研究机构。

2013年10月，以“学术故宫”为宗旨的故宫研究院成立。除了故宫考古研究所，故宫研究院还设有20多个研究所，包括建筑遗产保护研究所、书画研究所、文博法治与知识产权研究所、故宫文物南迁研究所、玉文化研究所，等等。

故宫研究院以故宫博物院的专家学者为主体，积极吸纳国内外知名专家学者，共同构建开放式的高端学术平台。比如近年来，考古研究所先后与印度、英国、阿拉伯联合酋长国、乌兹别克斯坦、肯尼亚等国的考古机构，联合开展了出土中国文物研究，并且在亚洲、欧洲、非洲等地合作考古调查与发掘工作。经过几年的努力，故宫博物院的考古研究取得了很大成果，基本上实现了海上丝绸之路和陆上丝绸之路的多方位研究，拓展了学术研究视野。

为了满足故宫科研的实际需要，更有针对性地培养人才，2013年，故宫博物院成立了自己的博士后科研工作站。2015年，博士后工作站获得了独立招聘博士后的资格。目前，故宫博士后的学术领域涉及陶瓷、书画、考古、古文献、明清宫廷史、文保科技、故宫学等多个专业。博士后工作站成为培养故宫学术人才的重要平台，同时也是学者们深入学科前沿进行创新性研究的重要途径。

在我看来，故宫博物院的一大底气就在于拥有众多经验丰富的专家学者，并且随着一批批年轻学者的加入，故宫学术有了新鲜血液，研究队伍日益壮大，学科领域不断拓展深化。学术研究是博物馆发展的不竭动力，对收藏保管、陈列展览、宣传教育、文化创意等各个领域都能提供坚实的学术支撑。我相信，得到学术支撑的故宫博物院，一定能发展得更好，无愧于“世界一流博物馆”之名。

拍照的声音

我们能从故宫所藏的老照片里看到什么

大家好，我是单霁翔。46种不同的声音，让你听到不一样的故宫。

今天的声音，是拍照的声音。

故宫博物院收藏老照片近两万张，玻璃底片两万多张。这些照片的时间跨度从清代道光年间一直延续到民国时期，涵盖了宫廷、政治、军事、外交以及百年前的风土民情等丰富的内容。

西方的摄影术在清代晚期进入中国。当时的中国人不了解为什么摄影术能使人的形象出现在纸上，认为这是一种“妖术”，会摄取人的灵魂。据说恭亲王奕䜣第一次拍照的时候，面如死灰，担心那台照相机随时会夺取他的性命。

随着对摄影术的了解，人们渐渐喜欢上照相。19世纪中叶以后，香港、广州、上海等城市陆续有了照相馆。到了清末宣统年间，北京的照相馆可以用“林立”来形容了，门前还会挂上放大的人像照片来招揽生意。

故宫博物院保存的最古老的照片是1863年在北京南苑军营拍摄的，照片上是24岁的醇郡王奕譞和侍卫，上面还有奕譞的亲笔题诗。

有人认为清宫里最早的照片是一张珍妃照片。珍妃思想比较开通，她把照相机带进

溥仪读书像（玻璃底片）

太极殿东间内景原状陈列室（玻璃底片）

端门正面（玻璃底片）

乾清门朝房拓片陈列室（玻璃底片）

后宫，拍了不少照片。1898年戊戌变法失败后，光绪帝被囚于瀛台，珍妃也被幽禁在宫中，再也没有机会照相了。所以，珍妃的照片应该是在此之前拍摄的。特别可惜的是，珍妃的照片几乎都被慈禧太后毁掉了，只有

珍妃老照片（传）

慈禧太后老照片

一张正面头像（传）保留了下来。

晚清的人物照片中，慈禧太后的特别多。1903年，清朝驻法公使裕庚任满回国。他的儿子勋龄酷爱摄影，从法国带回了全套的摄影器材，为慈禧太后拍摄了大量照片。

慈禧太后对拍照很看重，每次照相前还要亲自翻阅历书，选定良辰吉日，非常有仪式感。1903年到1906年，慈禧太后一共拍了30多张造型、神态各异的照片。

这些照片往往被放大成数百张，每张有25.4厘米长，个别得意之照还被放大到76.2厘米，并让画师为照片着色，托裱于硬纸板上，用来悬挂或者赏赐。

慈禧太后还有很多扮演观音的照片。其中有一张是在湖中，慈禧太后和侍从们坐在平底船上。太后扮成观音，左手搁在膝盖上，右手拿着一挂串珠。太监李莲英

慈禧太后老照片

慈禧太后老照片

扮成护法神站在观音身边。布景中有个木牌写着“普陀山观音大士”。这就像是现在的艺术照。

有的照片里，慈禧太后左手捧着净水瓶，右手拿着杨柳枝，身后也有个牌子写着“普陀山观音大士”。

除了慈禧太后，故宫博物院收藏的人物照片里，还有晚清皇室成员、名人政要等，也有内务府为了便于清查而拍摄的太监、宫女照，就好像现在的证件照。

此外还有不少外国人的照片，比如1924年印度大诗人泰戈尔访华时，在紫禁城御花园与溥仪合影，在景山庄士敦家中与林徽因、徐志摩以及当时民国政府总理颜惠庆等十二人合影；还有张学良、于凤至与美国人端纳等参观乾清宫的照片，都十分珍贵。

除了人物照，故宫院藏老照片还包括文物、建筑、近代史、故宫博物院史等四大类。

故宫博物院成立后，为了更好地保存、研究和宣传文物藏品，购买了当时比较先进的摄影设备，陆续对院藏珍贵文物进行拍照存档。抗战时期故宫文物南迁后，很多重要文物漂泊在外，但它们的"标准照"留在故宫，为后来文物回归查核与研究提供了极大便利。

建筑类照片，主要包括紫禁城、西苑三海、坛庙、陵寝等皇家建筑。其中一些建筑后来经过战乱、时局变迁，发生了改变，甚至面目全非。但这些老照片却能让我们看到它们当年的风貌，这在很大程度上对我们今天保护和修缮古建筑起着指导

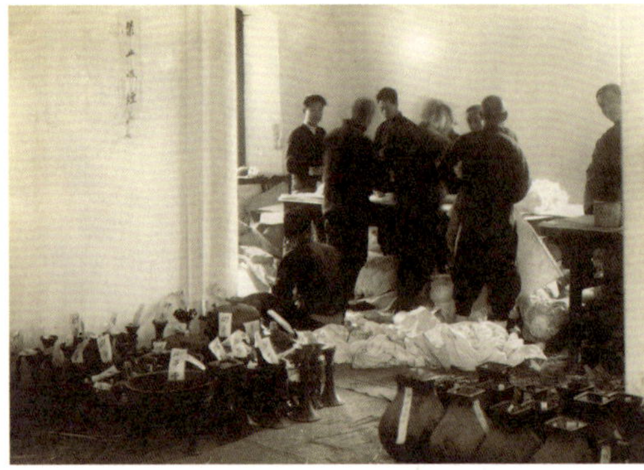

第一批南迁文物装箱情形

第三批南迁文物装箱待发

第三批南迁文物在太和门前广场装车情况

西迁文物中路途中

北路途中卡车渡河情形

实录库整理档案情况

作用。

比如故宫收藏了一张1922年拍摄的建福宫延春阁的照片。这张照片拍完不久，延春阁就在建福宫大火中化为灰烬。2004年，原址复建时，这张照片就成为重要的参考资料之一。

再比如，现在故宫北面的神武门上有一块牌匾写着五个行书大字：故宫博物院。这是20世纪70年代郭沫若题写的。但是1925年故宫博物院刚成立的时候，那块匾是李煜瀛用颜体题写的，每个字有宴会圆桌那么大，气势雄浑。当时引起了不小的轰动，坊间误以为是从《颜氏家庙碑》里集出来的。今天，李煜瀛题的匾已经没有了，通过老照片我们可以感受到当年紫禁城从皇家禁地变成博物院时改天换地的气势。

故宫博物院收藏的老照片还记录了19世纪中后期以来的近代历史：尤其是洋务运动过程中开办的官办工厂照片，表现了洋务派“师夷长技”的历史情景；还有反映北洋海军和新建陆军，以及近代中国交通运输情况的历史照片。这些珍贵资料从不

李煜瀛

李煜瀛题故宫牌匾

故宫博物院旧影

同角度记录了中国近代化的过程，我们可以了解到先驱者们艰苦卓绝的探索。

故宫收藏的这些老照片，对研究宫廷史、文化史、社会史都有十分重要的史料价值。2015年5月为庆祝故宫博物院成立90周年，我们在神武门展厅举办了“光影百年——故宫藏老照片特展”。这也是中华人民共和国成立后故宫的首次老照片特展。

但是照片是一种很脆弱的物品，时间长了，它上面的感光物质可能会分解；潮湿或含盐的空气也会对它造成损害，所以对待它们需要特别小心。展览中，有几件构图讲究、画面清晰的玻璃干版底片，因

溥仪用相机拍照

溥仪、婉容和英文老师任萨姆荡秋千

婉容使用相机

为厚度不到两毫米，在移动过程中稍有不慎就会断裂；同时，为期两个月的展览需要用透射光照明，累积光照也会伤害照片。所以我们就用了复制品代替原物参展。

2018年，我们精选了800多幅老照片，在太原博物馆举办了“紫禁藏影——故宫博物院藏老照片展”。有观众看完后说：“以前只是在电视和书上零星看到故宫老照片，这么大规模的照片展示，让人有种‘探秘’的感觉，也看到了很多与清宫剧不同的真实历史画面。”

照片保存的不仅是珍贵的影像，还有历史本身。应该感谢摄影术的发明，让我们不仅能够从文字和器物上了解历史，还可以透过照片，直接看到那些逝去的时光。

螭首排水声

故宫如何做到下雨不积水

大家好，我是单霁翔。46种不同的声音，让你听到不一样的故宫。

今天的声音，是我们在晴天游玩故宫时难以听到的声音——螭首排水声。

北京是明清两代的都城，是皇室宗亲、朝廷重臣聚集的地方，所以营造一个良好的居住环境就格外重要。然而那时的环境却并不如人所愿。明清时期，全球气候出现了一次明显的转冷过程，也就是史称的“明清小冰期”。在近500年的时间里，由于气候明显由热转冷，位于我国暖温带半湿润区的北京，出现了多次特大暴雨。其中，明朝万历三十五年（1607年）的那场大暴雨可以说是非常可怕，当时的人认为这是两百年未见之灾害。

那一次的大暴雨，北京城从白天到夜晚，雨水不断，长安街积水达五尺，地势低洼处水深则有一丈多。京城内的各级政府机构都被大水淹了，戒备森严的紫禁城，城墙竟然在暴雨中坍塌了130多米。大雨停了以后，天空放晴三日，但是城内的积水仍然很严重，正阳门、宣武门内外，积水如波涛汹涌，马车都难以通行。然而神奇的是，那时紫禁城里面，却没有大面积积水的情况发生。

这个奇迹从一定程度上来说，归功于参与修建故宫的工匠——蒯氏父子，他们被永乐皇帝称为“活鲁班”。作为生活在多雨气候中的江苏工匠，蒯氏父子深知排水防涝的重要性，排水系统一旦定型就很难改造，到时候皇帝住的地方一旦有差池，那将是株连九族的死罪。因此，对于紫禁城的排水系统，上至蒯氏父子、督办官员，下至一般工匠，都将其视为重中之重。

这样精心设计的排水系统到底有什么独到之处，能够让故宫在数百年的风雨中排水顺畅、屹立不倒呢？我们可以从故宫里的一个小神兽说起。故宫三大殿的台基上排列着许多龙头形状的神兽，也称螭首或角兽。螭首具有龙的属性，从元代开始，就是皇家专用建筑装饰构件。在民间，螭被看作是嘴大、肚能容水的龙神，人们赋予它能通云雨的灵性。因此，故宫选用螭首排水也就不奇怪了。下雨时，雨水从螭首口中的小孔内流出，小雨时像冰柱，大雨时像白练，暴雨时则会呈现“千龙出水”景象，场面十分壮观。

从整体上来看，故宫排水系统分为三类：地表径流、建筑排水和地下暗沟。其中，螭首排水属于地表径流。下面我借助

太和殿螭首

一滴水的旅行，给大家讲讲故宫强大的排水系统。

当雨水降落时，小雨滴先落到建筑上，沿着屋顶的琉璃瓦落到地面，之后一部分雨水会直接汇入地下暗沟，一部分形成地表径流，顺着故宫北高南低、中间高两边低的地势差流到低洼处的石槽明沟，最终汇入暗沟。地下暗沟纵横交错、四通八达，雨水排入暗沟以后，会由支沟汇集到干沟，经干沟排入内金水河。我们常常能够在清宫剧中看到内金水河，它是唯一一条流经宫内，贯通南北的河水。内金水河与故宫周围的护城河相连，同周边的外金水河、中南海等水系相通，这里是故宫排水系统的最后一环，也是一滴水的旅行终点。从雨水的旅行轨迹看，故宫处于北京城区排水体系第一级，直观体现昔日皇家的至尊地位。

一个好的排水系统离不开后期的维护。故宫的排水系统自建成以来就备受朝廷关注，几乎每年春季都会疏通，必要时还会进行大修。据记载，清代最后一次大规模整修故宫排水系统是在光绪十一年（1885年）四月，这项工程耗时两年多才完成。这次修缮把紫禁城内总长度约8000米的大小沟渠全部挖淘了一遍，还修缮了桥梁、河墙，耗费白银超过22万两。正是因为历年的养护，紫禁城才始终表现出良好的排水能力，历经上千次大雨，依然能够安然无恙。

这种情况一直延续到了当代。2016年7月19日凌晨至20日夜间，北京遭遇长达55个小时的降水天气过程，全市平均降水 212.6毫米，城区平均降水 274 毫米，属于几十年不遇的强降水，当时故宫排水系统井然有序运作，依旧给出了地面不见明显积水的良好成绩，“千龙出水”景象再次刷屏。

当然，这并不只是古人的功劳，古人把紫禁城的排水系统做得很好，但不要忽略，一年不疏浚就会积水。

当代故宫人从前人手里接过保护故宫的接力棒，也接过了一份责任。近年来，故宫博物院启动了故宫排水系统专项课题研究。每当大雨、暴雨来临时，故宫博物院便会组织工作人员进行全院巡查，避免出现积水情况。其次，还要保证系统的日常维护。像御花园这种观众比较多的院落，杂草、观众丢弃的矿泉水瓶子、餐巾

御花园的排水道

御花园的排水口

纸，经常堵塞排水通道。为了尽可能地保护系统的完好，故宫的工作人员做了很多努力，他们动手制作了很多巧妙的工具，专门用于清理各种难以疏通的沟道；重新铺设了许多隐蔽的排水沟，如今故宫90%的排水系统是古代的设计，另外的10%则是今天我们重新设计改造的。在清理排水孔道的过程中，由于古代的栏板和螭首都已年代久远，微小的震动就可能导致螭首的断裂，因此不能用坚硬的工具进行疏通，只能用竹签一点一点地清理。我就曾尝试用竹签掏过水孔，这项工作很考验人的细心，也很考验人的耐力。有的下水管道污物沉积久了，打开就是扑面而来的臭味，需要工作人员克服重重困难，将这项工作持续开展下去。

今天，我们能够相对完整地看到故宫的面貌，离不开古人充满智慧的设计和历代人满怀匠心的维护。如何打造好“平安故宫”，让故宫顺利走好下一个600年，需要大家的共同保护。下一个雨季，期待有更多优秀的排水系统设计涌现，也期待“千龙出水”的壮观景象再次刷屏。

修缮建筑的声音

故宫是如何进行百年大修的

大家好，我是单霁翔。46种不同的声音，让你听到不一样的故宫。

今天的声音，是建筑修缮的声音。

最近几年，来故宫参观的朋友们可能会发现，有时候我们的一些古建筑蒙着厚厚的围挡，外围搭着密集的脚手架，许多头戴安全帽的工人进进出出，辛勤忙碌。

这是在修缮故宫的古建筑。修缮是保护古建筑，使其延年益寿的一项经常性任务。其实，紫禁城从它建成的那天起，维修工作就从来没有停止过，明清时期就重修过五次，中华人民共和国成立以后又大修过两次。

21世纪初，国务院做出决策，故宫古建筑需要进行系统维修。这是新中国成立后的第三次大修。为此，国家投入了不低于19亿元人民币的专项资金。这次维修从2002年开始到2020年验收，持续了18年。

这是故宫一百多年来规模最大、范围最广、历时最长的一次古建筑维修保护工程，也是我们投入人员、经费和使用技术最多的一次，所以被称为“百年大修”。

可是这项工程半截儿被我给叫停了。这是为什么呢?

因为在2014年，有一天我正在故宫巡查，突然看见刚刚修好的太和殿又搭起了脚手架。爬上去才发现，修缮使用的灰浆因为出现问题需要清理，工人们装了几十麻袋往下运。我就很奇怪，过去的建筑300多年都没出问题，刚修好的屋顶，为什么要返工重修?

工程师很无奈地说，因为今天修复古建筑的社会环境和过去不一样了，大致存在着以下几个问题：

第一个是中标单位的修缮人员不具备传统技艺。

第二个是传统的建材都比较贵，一般通不过政府采购。

第三是经费执行，每年10月，钱款拨下去后，次年8月就开始催，有没有花到60%？10月间有没有花到百分之80%？到年底如果没花完就收回，逼着大家赶快花钱。

第四个是人才，老工匠没有干部身份，到了年龄必须退休，不能返聘。而故宫新培养的年轻师傅又因为户口问题都回了原籍。

这些体制机制的问题，造成了今天修缮上的困惑，故宫也因此流失了很多优秀人才。

我当时就觉得，在这种状态下是无法进行科学修缮的，如果这样修，修一栋会坏一栋。我们没法负这个历史责任。

2015年11月我在全国政协座谈会上，用八分钟时间指出了刚才的几个问题。会后，我又写了报告呈交给领导，得到了领导的支持。现在，这些问题都得到了缓解。

故宫古建筑维修保护工程施工的时候，我们对古建筑修缮的认识发生了很大变化。我们强调了文物保护中“保护为主，抢救第一，合理利用，加强管理”的方针，专门成立了“故宫修缮工程专家咨询委员会”，聘请规划、考古、古建筑、文物保护、宫廷历史、博物馆、管理等各方面的专家，为工程决策提供科学的论证和咨询；还组建了“故宫修缮工程技术质量顾问组”，为具体的工程技术、质量问题进行把关。最重要的是，我们不再把古建筑修缮视为普通工程，而是当作研究性的保护项目。

比如2015年开始的“养心殿研究性保护项目”，它的理念和之前的古建筑大修工程有所不同。它要“以系统的价值认知和真实修复为核心保存历史信息；加强日常保养，减少大修比重”。所有的修缮工作都是围绕价值认知去做的。什么是“价值认知”呢？就是要回答“它究竟是什么”这个问题。

实际上，我们对于古建筑的认知决定了我们如何去修复它，但往往我们的认知和建筑实际之间总有一定差距，怎么去缩小这个差距呢？我们没有急于修缮，而是花了两年时间去做勘察设计。各部门全面介入，开展了33项研究课题，从建筑结构、排水系统到陈设布局、门窗花罩，从院落树木到屋内摆件，大到中外文化交流，小到病虫害防治，整体上包含了养心殿的各个方面。等一切都研究明白、准备好了，修缮工作才正式开启。这和之前赶工期、赶预算的方式是完全不一样的。

“研究性保护项目”还给我们带来了很多意外惊喜。神武门北面的大高玄殿是我国唯一一座明清两代皇家道观，也是紫禁城的重要组成部分。由于长期被用作办公用房，古建筑多已年久失修。

大高玄殿中的九天应元雷坛殿，屋顶在八国联军侵华时被烧毁了，只有斗拱以下是明代建筑，大木屋架是光绪年间复建的。工程师们打开屋盖，对拆解的构件细致测绘后发现，大木结构东西两边的榫卯做法截然不同。这说明光绪年间复建时可能有两个工程队在同时施工，他们各自传承了不同的手艺，但双方却互不妥协。我们的档案对此毫无记载，如果不是这次“研究性保护”，单凭施工前的勘察测绘是很难发现的。

为了保护建筑及环境的真实性和完整性，我们在修复时，对不同时期的历史信息，能保留的都尽量保留，无法保留的，也都记录下来。

在“研究性保护项目”中，我们的研究人员可以利用充裕的时间，开展许多精细的研究工作，对古建筑本身的价值理解得更加深刻了。

故宫百年大修不仅强调“学术研究”“专家参与”“人才培养”“材料保障”这些与建筑本体息息相关的内容，还把“项目管理”“公众参与”“成果展示”等之前较少关注的内容摆到一个更重要的层面加以考虑和落实。

大修期间，工程主要集中在中轴线一

午门雁翅楼古建筑群保护维修工程开工仪式

玉粹轩南侧角梁安装

带，这是观众必经之地，但故宫博物院没有因此闭馆。当时每天参加维修的工人最多时有1000多人，再加上其他各类人员，使古建筑维修、文物保护和开放服务三个方面都面临很大压力。好在所有故宫人共同努力，克服了种种困难。

如今，故宫百年大修已经告一段落，故宫整体的开放面积将扩大到80%。有了更

紫禁城西北角楼大木竣工纪念

大的开放区域，故宫博物院就可以容纳更多展览，服务更多观众。

经过百年大修，故宫恢复了庄严、肃穆、辉煌的历史面貌，观众们因此能够看到一个更加真实的故宫；同时，百年大修也是中国官式古建筑营造技艺的一次大力传承，很多失传的传统技艺被找回并流传下去。百年大修承载着故宫伟大的工匠精神，那些蕴藏在“手艺”中的对古建筑本身的敬畏与热爱，应当被永远铭记。

修缮后倦勤斋室内原状

倦勤斋戏台

钟粹宫模型

清扫声

清理好故宫几千间房子多不容易

大家好，我是单霁翔。46种不同的声音，让你听到不一样的故宫。

今天的声音，是在故宫清扫地面的声音。

观众们走进故宫博物院，希望看到的应该是壮美的古代建筑，整洁的环境。故宫博物院投入了三年的时间来集中提升整体环境。为什么要用三年这么长的时间呢？

比如说井盖。原本在故宫的广场上、通道上有许多高高低低的井盖，人们参观时还要留神脚下，尤其是残障人士轮椅、婴儿车走上去是很危险的。要把这些井盖都做平，听上去好像很简单，真做起来才知道难度很大。要做平这些井盖，先要做好定制设计，然后进行申报，有关市政部门审批后，才能把1750个井盖改换为平平整整的“故宫井盖”。

此外，故宫从室内到室外，需要清理上千间房屋和各处室外空间。清楚地记得我第一次到库房去的时候，被地上躺着的“人”吓了一大跳——原来是珍贵的秦始皇兵马俑，它们就躺在台阶下。我看到有两尊高大的约1500年前北齐的菩萨像，长期以来就在故宫南城墙的墙根底下站着。那时候每次走到那里，我都会说咱们的菩萨脸色、表情都不好。所以，我深刻地感受到，当文物得不到保护、得不到呵护

井盖

雕塑馆

的时候，它们是没有尊严的，是蓬头垢面的。只有得到关注、得到保护、得到展示，它们才拥有尊严，才能光彩照人。

故宫把那些没有登记的，散落在各个房间的文物清理出来。这些文物堆在各个房间已经很长时间，需要把这些文物清理出来，编入馆藏目录。如以前，由于开放的需要，卸下来很多的门窗，全部都堆放在通道和各个房间内，并没有把它们当作文物。其实，它们是古建筑非常重要的组成部分，于是故宫组织文物修复师，把那些门窗修复好，还专门建立了古建筑馆，进行展示。

畅音阁大戏楼是中国最古老的宫廷戏楼之一，但是100多年都没有再演戏，也没有人敢想在这里还能演戏。但是今天我们知道，这些木结构的古建筑，如果把它修复好锁起来，闲置在那里，糟朽得会更快，越正常地使用、越经常地维修，它们会越健康。所以，故宫对畅音阁大戏楼进行了修复，然后作为戏曲馆对公众开放。修复后的畅音阁还能进行中国传统戏曲的演出，重新焕发了活力。

我们再来说家具，在古建筑当中有很多的家具是不可以移动的。为什么不可以移动？因为这些家具与古建筑是连在一起的，其中，数量最多的是一类床具——古代人睡觉的炕。这些床具长期闲置在那里，有的已经糟朽，有的床具上则堆着一些东西，有的床具上面甚至还铺着当年的炕席、褥子等物品，长年闲置在那里，缺乏最基本的维护。于是，故宫就把这些与古建筑连在一起的家具修复好，等到条件具备的时候，再进行原状陈列。

我记得有一个紫檀材料的小炕桌，上面镶嵌着一圈大片的和田玉，但是很长时间被存放在摞起八层家具的库房里面忍气吞声。如今，这个小炕桌经过修复展示了出来，光彩照人。为什么一定要把它们锁在库房里呢？它们被锁在库房里，游客看不到的时候，它们没有获得好的保管状态。只有人们拥有知情权、拥有监督权时，它们才会被保管得更好，它们才会神采奕奕。

另外，在不少房间内的墙上，还保留有书法、绘画作品，具有珍贵的历史和艺术价值。有一段时间，为了保持原状，这些书法、绘画作品都没有取下来做专门的保护。实际上，这些纸质文物的寿命都是比较短的，不应该长期保存在原处。于是，故宫决定将书画文物进行修复保护，将高仿复制的书画替换到原位进行长期展示。

以往在一些展览结束之后，就把展柜、展具等物品往空屋子里面一堆，加以存放。时间一长，就被遗忘了。这样的话就占用了很多空间。随着展览水平的提升，这些展具也不可能再继续使用。但是它们占用了很多空间，把这些物品进行清理，就腾出了不少空间。

在故宫还有一些多年来很少有人进去过的房间。这些房间的地上都积下了厚厚的浮土，存在着非常严重的安全隐患。同时对古建筑的保护，尤其是地面保护非常不利。后来，故宫把所有的房间都收拾得干干净净，逐步实现开放，或者合理地利用起来。

这是故宫对于室内的清理。相比于对室内的清理，室外的清理更加艰苦。首先，我们考虑的是火灾隐患的问题。有一些尚未开放的区域堆积着大量的树叶、树

整理院容

枝及其他杂物，这是非常严重的火灾隐患。故宫发动全体员工参加大扫除，对环境进行了彻底的清理。

当时，一些没有开放的区域，地面杂草没膝。我第一次走进去的时候，老员工告诉我要先大喊两声，让小动物先跑走，人再进去。如今经过彻底清理，故宫室外再也没有遍地杂草的现象。

故宫古建筑屋檐下、通道内、广场上，长年堆放着一些杂物，存在严重的火灾隐患。这些陈年杂物需要及时清理掉。例如慈宁宫花园东侧的广场上，堆放着大量杂物，如今腾出广场用地，春天在这里举办牡丹花展，秋天在这里举办菊花展，

整洁的慈宁宫花园

古建构件摆放整齐

这里成为游客喜爱的游览和休息场所。

以往，古建筑维修竣工之后，就将替换下来的石刻构件堆放在院子里面。这样日积月累，不少院子里都堆着石刻构件。故宫把这些石刻构件进行彻底清理，在东华门古建筑馆建立了石刻构件保护展示园区，把石刻构件展示出来。这样一来，游客可以参观，专家还可以进行研究。

考察院内工地

修葺后的城墙

几十年来，故宫博物院内遗留了135栋临时建筑，一共是1.48万平方米。为清理这些临时建筑，故宫下了很大的功夫，终于全部予以拆除。

总之，经过三年持续而集中的环境整治，室内10项内容、室外12项内容全部整治完成。终于，故宫博物院里里外外干干净净。今天人们来到故宫，看到的是绿地、蓝天、红墙、黄瓦，看到的是和平鸽、鸳鸯、小鸟、故宫猫，看到的是牡丹、荷花、银杏、蜡梅等，春、夏、秋、冬各有景致。

事实上，环境是能够影响人的。当观众进入干净整洁的环境，就会自觉地爱护故宫的古建筑，爱护这里的一草一木。故宫在不断改进环境，让观众游览得更舒心。故宫干净、整洁的环境，来自大家的共同努力。

建造宫殿的声音

紫禁城600年超级大展为什么好看

大家好，我是单霁翔。46种不同的声音，让你听到不一样的故宫。

今天的声音，是建造宫殿的声音。

故宫里怎么会有大兴土木的声音呢？大家可别忘了，故宫可是世界上规模最大、保存最完整的木结构宫殿建筑群。早在600多年前，营造紫禁城的工匠们就需要把从深山伐下的荒料大树，搬来运去地进行加工、组装和建造。

2020年9月10日至11月15日，为了纪念紫禁城建成600年，故宫博物院举办了一场名为“丹宸永固：紫禁城建成六百年”的超级大展。大展把紫禁城的“时”“空”压缩，提取出18个关键的时间节点，分为“宫城一体”“有容乃大”“生生不息”三个主题。其中第一个展厅“宫城一体”，讲的就是明代从图纸设计到施工营造紫禁城的故事。

与西方古建筑偏爱石材相比，我们的祖先更偏爱木结构建筑。一般盖民居，都是就地取材，但是紫禁城所需要的木材，大多生长在南方的深山里，伐木工把它们砍伐下来，“出三峡，道江汉，涉淮泗”，从扬州进入大运河，一路运到通州张家湾，再经三十里旱路，运到北京朝阳门外大木厂和崇文门外神木厂存放，然后开始进行预制加工。中国古代的建筑家很早就在建筑中使用了标准化结构，比如廊、柱、斗拱、台基，都可以提前做好预制件，然后运送到现场再进行组装。

可别小看了木头造的宫殿，紫禁城古建筑有良好的抗震性能。600多年来，北京及周边地区发生过200多次大大小小的地震，但故宫几乎没有出现房屋或宫殿倒塌的情况。

中国的建筑专家曾经和外国同行一起做过一个有趣的实验：他们搭建了一个故宫建筑结构的模型，模拟不同震级的地震进行实验，当震级调到里氏10.1级时，故宫模型底座拼命晃动，柱子摇摆得几乎要“飞起来”。这个强度相当于200万吨TNT炸药爆破的威力，但模型仍然完好地立在原地，只是发生了轻微的位移，外国专家们一个个看得目瞪口呆。

故宫建筑屹立不倒的秘密是什么呢?

从构造上看，紫禁城建筑主要由基础、柱、斗拱、梁架、屋顶、墙体等部分组成。首先，采用“一层灰土，一层碎砖”反复交替、分层的方法把基础夯实，灰土中还掺了糯米，目的是可以更好地黏结。其次，主要承重的木柱不是直接插到地底下，而是平摆浮搁在一块石头上，我们把它叫作柱顶石，这样在地震作用下就可以产生滑移隔震的效果。紫禁城建筑最外圈的柱子，也就是檐柱，采取的是“柱身侧脚”的方法，也就是顶部略微向内倾斜、底部略微向外倾斜，整个形成“八”字状，这样建筑的整体稳定性就会更高。同时，梁柱之间采用凹凸相合的榫卯结构连接，在地震作用下彼此摩擦，即便会产生相对转动和滑移，也可以耗散部分地震能量，当然，分层叠加的斗拱也有这一作用。此外，梁架采用抬梁式做法，有利于分散上部荷载，保持稳定。

总体说来，在多种结构设计叠加的作用下，我们得以看到今天依旧保持基本完好的紫禁城。

在展品方面，紫禁城600年大展的亮点，还在于向观众揭开了不少文物的“面纱”。比方说，在午门正楼展厅，一片轻巧的描金漆的纱窗心就格外引人注目，200多年来，这是它首次与观众见面。1773

太和门正立面彩色图

太和殿后立面彩色图

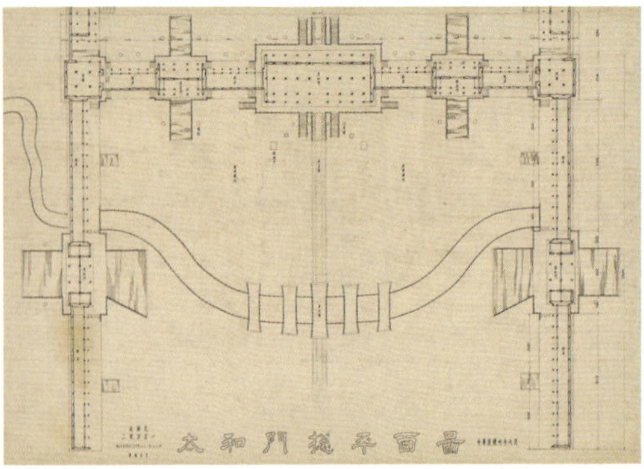

太和门总平面图

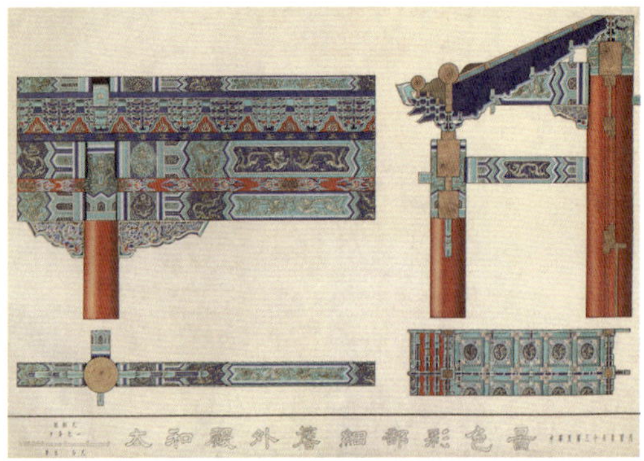

太和殿外檐细部彩色图

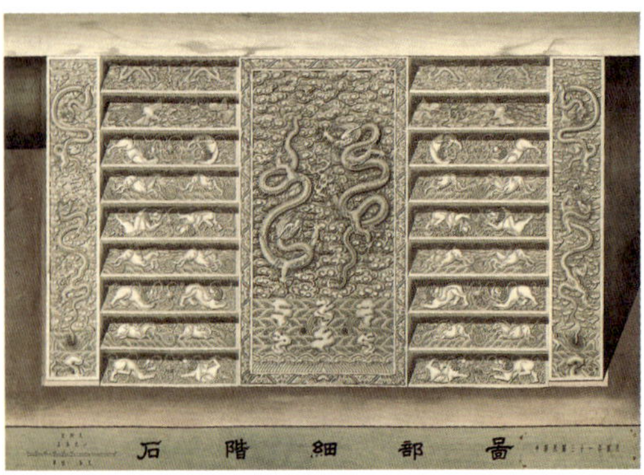

石阶细部图

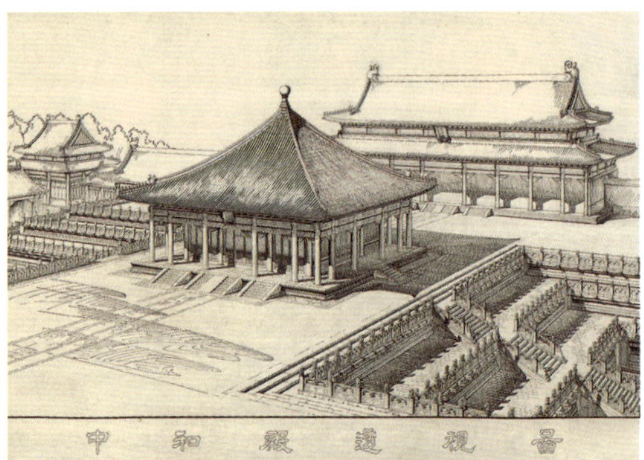

中和殿透视图

年，南方匠人们同心协力织造好10余片漆纱，千里迢迢送入北京，成为符望阁里的“纱窗”，这里展出的漆纱就是其中的一片。懂行的观众听到符望阁，大概就知晓它工艺的繁复。符望阁位于宁寿宫花园的第四进院落，这个花园正是乾隆皇帝为自己“退休”后打造的专属宫殿群，里面的一砖一瓦都代表了乾隆时期的工艺巅峰水平。

这片漆纱很薄，大约只有一张普通打印纸那么厚，但它竟然是由纱芯层、纸样层、贴金层、打底层、晕染层和勾线层六层组成，每一层的匠人不仅要手艺精巧，而且彼此要配合得天衣无缝。今天的科学技术手段仍然很难将它原样复制出来。

符望阁三层彩画

除了符望阁漆纱，太和殿的脊兽也是首次一起亮相。去过故宫的人，肯定会记得每栋建筑的屋脊上都有几只小兽。在皇家建筑中，屋脊兽越多，代表建筑等级越高，按惯例用单数，一般最多是九个。但太和殿是特例，在九个屋脊兽之外又加了一个，彰显了它至高无上的等级。

这只出现在太和殿独一无二的屋脊兽，由于排行在第十位，所以被叫作“行什”。行什长了一张猴脸，外形颇似《西游记》中的孙悟空，古建行业内为方便记忆把它叫作猴，老匠师还会教徒弟背诵屋脊兽的排列顺序，“一龙二凤三狮子，海马天马六押鱼，狻猊獬豸九斗牛，最后行什像个猴”。

太和殿琉璃仙人和屋脊兽

琉璃吻兽大样图

行什背部带有翅膀，手持金刚宝杵，长得像雷公，被认为是雷震子的化身，相传就是取震雷防火的寓意。太和殿建成后曾遭多次雷火，康熙十八年（1679年）二月初三再次焚毁，由于良材难求，取木艰辛，工程备料就用了10多年的时间，直到康熙三十四年（1695年）开工重建，才有了今日的形制。紫禁城600年大展上展出的这组琉璃仙人和屋脊兽，正是康熙年间重建太和殿时烧造的原件。

清　金瓯永固杯

当然，除了首次展出的文物，还有一些文物曾与观众见过面，但仍然受到追捧，比方说曾经上过《国家宝藏》的金瓯永固杯。每年元旦子夜，皇帝都会在养心殿，把金瓯永固杯放在紫檀长案上，往杯中注入屠苏酒，然后点燃蜡烛，提起毛笔，书写吉语，祈愿政通人和、江山稳定。在我们600年大展的现场，不少观众端详良久，舍不得离开，有文物爱好者感叹说：“早有耳闻，这次终于能近距离观赏它，不容易啊！”

为了适应新时代的展示方式，故宫还利用直播这一形式帮助观众实现“一朝看尽紫禁城”的云游之梦。紫禁城600年大展开启了长达8小时的故宫直播，观看人数累计超过1亿。有些想看大展但可能因故不能赴约的观众，不用担心错过了。当然，如果您有时间，还是希望您能亲自来故宫走走看看，亲自去体验、探寻紫禁城的历史和奥秘。

辑二

中和韶乐

紫禁城里过大年，飞入寻常百姓家

大家好，我是单霁翔。46种不同的声音，让你听到不一样的故宫。

今天的声音，是故宫最隆重的声音——中和韶乐。

明清两朝的皇家音乐——中和韶乐，它是举行祭祀、朝会、宴飨等重大活动时使用的宫廷音乐。如新年之际，王公大臣们在太和殿向皇帝行礼时，就会演奏中和韶乐。

每年神乐署的乐生们都要提前修整、调试乐器，排练中和韶乐，为即将到来的新年祭祀、朝会、宴飨做准备。

皇帝也要为新年做准备。从腊月初一开始，皇帝就会陆续写“福”字。第一张一定要贴在乾清宫的正殿，然后是其他宫中，之后再写的就赏赐给王公大臣们。清朝皇帝的亲笔御书“福”字当然被视为珍宝。据说，乾隆朝的一位尚书王际华（1717~1776年），在整个从政生涯中共得到过24张御书“福”字。他把家里的中堂命名为“二十四福堂”，生怕别人不知道他有这样的荣耀。

到腊月二十日前后，清朝皇帝会择吉日在交泰殿举行封宝仪式，内阁学士把象征国家权力的印玺擦拭干净，皇帝拈香行礼，之后把印玺封存在宝匣里。由此宣告，官方的春节假期正式开始了。

工部和内务府等也在忙着制作春联，一

交泰殿内景

般要赶在腊月二十六日从乾清门、乾清宫等处开始，依次悬挂（而不是粘贴）；到二月初二时再撤下，入库存储。紫禁城里春联的需求量很大。据道光十七年（1837年）的一次统计，宫中大概需要春联1377对。所以无论是撰写、制作还是更新、保存，都不容易。

在除夕这一天，有的清朝皇帝要举行封笔仪式，一直到元旦（大年初一）开笔，这期间皇帝是不能动笔批奏章的。清朝除夕这天的年夜饭（约下午4点），是皇帝少有的能跟自己家人坐在一起吃饭的时刻。虽然是皇帝的家宴，但是在整个过程中都会演奏中和韶乐。在这么高规格的音乐面前，吃饭、喝酒自然不是很随意的事情。宴会开始时，皇后嫔妃们要向皇帝行礼；皇帝赏赐菜品或者茶、酒时，被赏赐的人还得行礼谢恩。

这顿团圆家宴一般摆在保和殿或乾清宫，皇帝和皇后一人一桌，其他嫔妃两三人一桌。皇帝用的是精美的“金龙大宴桌”，上面摆满专用的餐具，桌子铺围上带刺绣的黄色桌布。菜品会轮流摆在皇帝面前，宴席上除了猪、鸭、鸡、羊肉，猪肘子、猪肚、鱼，还会有野猪肉、鹿肉、鹿尾等，体现出满族人的饮食习惯。

元旦这天，皇帝要早起。比如乾隆皇帝约在午夜0点就起床，先到养心殿东暖阁，行开笔仪式，在洒金的宣纸上写下祝福语或吉祥话，再喝下屠苏酒。还得把钦天监新送来的时令节气书浏览一遍，表示自己已经知道新的一年的时节了。

接下来，皇帝一般要去钦安殿、斗坛、奉先殿、御药房等处进行祭祀。到早上6点半左右，还要率王公大臣等到皇太后处行庆贺礼，给老太后拜年。

等到早上7点，会有礼部官员到乾清宫，请皇帝到太和殿接受王公大臣们的朝贺。王公大臣们此时已经在太和殿内外等候。一品官员站在太和殿内，二、三品官员站在宫殿外。等到皇帝乘轿从乾清宫向太和殿而来时，乐生们用编钟、编磬等乐器奏响中和韶乐。朝贺礼毕，皇帝会在殿内请王公大臣、来华使节喝上一口茶等，表示祝贺，再在乐曲声中离开。

在紫禁城里，清朝与辞旧迎新有关的庆典活动，往往要从腊月初一延续到新年的正月二十。之后，春节假期就正式结束了，朝臣也要上朝了。正月十九的“筵九”可以说是春节庆祝活动的压轴戏。这天晚上，皇帝宴请京城王公大臣，以及新年来朝的藩王和外国使臣，赐大家茶点等，其间还伴有音乐演奏以及摔跤、爬竿等节目，最后还要放烟花爆竹。皇家非同凡响的过新年就这样在一片喜庆祥和声中井井有条地结束了。

时至今日，紫禁城早已卸下神秘面纱，从皇家禁地转变为博物院，向所有民众敞开大门。2019年春节，故宫博物院以创新的方式，举办了“贺岁迎祥——紫禁城里过大年”展览。这是故宫博物院建院以来提用文物最多、展场面积最大的一次展览，刷新了两项故宫博物院展览历史纪录。

按照惯例，一般展览使用文物数量在100件左右，年度大展可能达到300件以上。这次“过大年”展览，故宫用了885件（套）文物去恢复以往皇宫过年的装饰、活动，加上复制的用于装饰的1000多件仿制品，涉及的文物更为可观。

编钟

编磬

“贺岁迎祥——紫禁城里过大年”展览宴席场景还原

“贺岁迎祥——紫禁城里过大年”展览宴席场景还原（局部）

“贺岁迎祥——紫禁城里过大年”展览宴席场景还原（局部）

“贺岁迎祥——紫禁城里过大年”展览中和韶乐的场景还原

“贺岁迎祥——紫禁城里过大年”展览中的“福”字

文物展览打破了以往的摆放方式，参照档案史料，用文物组合最大限度地还原清朝皇宫过大年的真实场景。比如，展厅中的金双龙纽云龙纹编钟等乐器组合，还原了中和韶乐的乐器场景。还有个“宗亲宴”的场景，动用了100多件文物，观众可以体验皇帝与宗室王公们吃“宗亲宴”时的情形。皇帝的金龙大宴桌在中央，其余人用高桌，两人一席，在东西两边排列。

乾清宫东庑里的“宫里过大年”数字沉浸体验展也非常受欢迎。它融汇了清朝历史及院藏文物中蕴藏的清朝过年元素，运用虚拟影像、捕捉动作等数字科技手段呈现，还能与观众互动，直接让传统过年场景“活”了起来。尤其是冰嬉乐园，屏幕上在漫天飞舞的大雪中，故宫《冰嬉图》中的清朝人动了起来，一道道的“冰痕”会随着观众的脚步挪移。还有“堆瑞兽”的交互体验，是参照了故宫典藏的《弘历雪景行乐图》轴中孩童们堆雪狮子的场景设计的。观众挥舞手臂，就会有雪花从天空飘落，屏幕里的孩童们就会堆出雪狮子、富贵象和雪猫等瑞兽。

再说展场区域。通常，故宫博物院内的展览都局限在斋宫、永寿宫、延禧宫等处。这次“过大年”展览，把紫禁城整个开放区域都打造成了清朝春节文化的展场，包括宫殿门口悬挂着各式春联和门神年画，廊下悬挂着华美的宫灯，乾清宫丹陛上下竖立着高大的天灯和万寿灯。立天

“宫里过大年”数字沉浸体验展中的赏灯观焰部分

“宫里过大年”数字沉浸体验展中的堆瑞兽

乾清宫前的万寿灯

灯、万寿灯是清朝早中期过年最盛大的活动之一，从立到撤，前前后后要动用8000多人（次），自道光二十年（1840年）被取消以来，已经消失在历史长河中将近200年。相关文物早已经不为普通人所知。研究人员通过努力，把它们复原出来。

很多观众说，进故宫逛“过大年”展，感觉好像是回到了清朝。这就是我们举办这次“过大年”展览的目的，希望让观众通过全新的、沉浸式的文化体验，感受清朝春节的仪式感，以及千百年来中国人对新年的祈愿。600多年的故宫，正不断地以新的方式让文物“活”起来。

茶碗和茶碟碰撞声

和乾隆皇帝一起喝茶的年会什么样

大家好，我是单霁翔。46种不同的声音，让你听到不一样的故宫。

今天的声音，大家一定都知道，就是喝茶时茶碗和茶碟的碰撞声。

说到喝茶，清朝有一位皇帝爱喝茶，也爱办茶宴。他曾经在紫禁城办了53年的茶宴，每年的茶宴都绝对是年度盛会，我们在电视剧里经常看到的“和珅大人”“傅恒大人”都曾是茶宴的常客。

这位皇帝就是乾隆皇帝，他举办茶宴通常在正月初二到初十，可以算是宫廷里的年会了。

这实际上也是从明朝就开始的习惯。明朝在每年元旦都会有一个皇帝宴请百官的聚会，宴会上要行酒九次，还有舞蹈乐队助兴。

但是乾隆皇帝有53年的年会是没有酒肉的。一方面，年会上肯定不是单单喝酒、饮茶，通常还要由皇帝规定题材与韵脚，让群臣联句吟咏。想想看，大臣里肯定会有酒量不好的人，酒喝多了，还怎么能做出好诗句来？可能连囫囵话都说不好了。在康熙朝的时候，年会上是有酒的，就真的有大臣一沾酒就醉，最后是被内官扶出去的。有一次，就连康熙皇帝自个儿也喝多了，当天都没有按照往常习惯定韵脚，让臣子们和诗，硬是拖到了第二天。

清　郎世宁等　弘历雪景行乐图轴

清　弘历观月图轴

另一方面，乾隆皇帝本人个性是爱风雅的，不仅风雅，还要往高洁、清冷上靠。所以，他举办的是茶宴，没有酒肉，只有蜜饯和装着满族饽饽的点心果盒，以及最重要的一种叫“三清茶”的特饮，这还是乾隆皇帝发明的。

我们中国的文人，从宋朝开始，就流行品尝梅花香息。不过，以前的人们都是把刚摘的梅花闷在茶叶里，让茶香中洋溢着梅香。但是把梅花掺入茶叶，花香会破坏茶叶独有的香气。为了解决这个问题，乾隆皇帝另选了两种风味朴实的佐伴——佛手与松子，和梅花在一起泡制，具有独特的清香气味，被称为“三清茶”。

乾隆皇帝很喜欢表现自己的清冷高洁。他在茶宴上出的联句，大到政治典章，小到梅花香月，无所不涉，基本都极力渲染着一个“清”字。据说，晚年他传位给颙琰，也就是后来的嘉庆皇帝时，有老臣劝谏说：“国不可一日无君。”乾隆皇帝摸着胡须哈哈大笑说：“君不可一日无茶！”说得非常轻松，表示自己淡泊名位，意境高远。

泡三清茶的水很讲究。据乾隆皇帝《三清茶》诗描述，在高洁无尘的雪夜，乾隆皇帝会让人把刚刚扫取的洁白细雪放在小火炉上烹化，用切成薄片的佛手嫩心、新焙熟的松子、现摘的梅花一起，泡出一壶香气交盈的热饮。

为了更好地享用三清茶，乾隆皇帝还特意烧制了三清茶诗杯。这是喝三清茶的御用茶具，有陶瓷、漆器和玉器等材质。每个三清茶诗杯外壁都会题一首御诗。在

清　乾隆款青花题诗盖碗

茶宴结束后，乾隆皇帝会把茶宴上用的三清茶诗杯赐给各位大臣，允许他们带回家中，这也算是年会额外的小礼物吧。

反正能来参加茶宴的，都是跟乾隆皇帝亲近的人。大部分是大学士和内廷翰林，偶尔有武官或功臣参加。每年的宴会人数都是有限定的，早年参加宴会的人数是18人，后来人数逐渐扩为28人。其中有很多我们熟悉的名字，如和珅、纪晓岚、鄂尔泰、张廷玉、刘墉等，都曾在茶宴名单上。在当时，如果有幸受到邀请去参加茶宴，那就意味着你在朝廷中是皇帝的近臣和重臣。

在乾隆五十七年（1792年）的茶宴上，

我们看清宫剧时常说的“铁三角”，也就是乾隆皇帝、和珅、纪晓岚一起出现了。不过，他们是没法儿坐在一起的，皇帝自然在正中间，纪晓岚官职较低，排在末尾。而自乾隆四十六年（1781年）开始几乎年年参加茶宴的和珅，位置就很好了，能坐到前十。这种茶宴，表面上是乾隆皇帝让众臣聚在一起品茶，实际上往往是不动声色地透露朝廷格局的变化。参加茶宴的座位往往会透露出一些大臣升迁等的重要信息。

乾隆皇帝的茶宴通常是在紫禁城里的重华宫举办。重华宫坐落在御花园的西面、内廷西六宫的北面，以前是乾西五所中的二所。外表看起来是一个非常普通的三进院落。把茶宴的地点选在这里，是因为这里是乾隆皇帝当皇子时候的居所。清高宗弘历在乾西二所共居住了九年。在这里，他娶了嫡福晋富察氏，也就是后来的富察皇后。夫妻俩情意相投，感情非常好，可以说他们最美好的青春记忆都留在了乾西二所。对乾隆皇帝来说，这个地方意义是不一样的，在这里开茶宴，有一种与宴会宾客亲近的意思。

此外，重华宫对于乾隆皇帝还有一项特别的意义。当初胤禛，也就是后来的雍正皇帝的争储之路九死一生。为了避免皇子内斗的悲剧重演，所以雍正朝立弘历，也就是后来的乾隆皇帝为储君时是秘密立的，真是用心良苦了。乾隆皇帝晚年在《新正重华宫》一诗中说：雍正皇帝让他住在乾西二所，不用“太子”之名来招人瞩目，让他的储君之位更安稳。当然，这也导致弘历没有正式的“太子”身份，所以乾隆皇帝可能对此总有点“耿耿于怀”。

正因为重华宫对乾隆皇帝有这么多特别的意义，所以等到乾隆皇帝继位后，便开始对乾西二所进行大规模翻修改造，把它从“所”升级为“宫”。按照与富察皇后婚后居住的原貌，对重华宫西梢间进行了布置，同时将自己当皇子时用过的生活用品以及康熙皇帝、雍正皇帝赏赐的各种贵重物品，都摆放在富察皇后陪嫁的红木雕花大柜中。乾隆皇帝把重华宫打造成了自己潜龙时的博物馆。

这里顺便提一句，清宫剧中大名鼎鼎

重华宫

重华宫内景

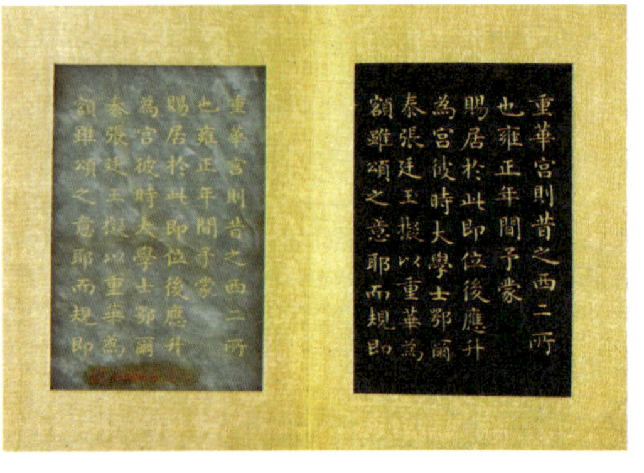

清　青玉乾隆御制重华宫记册

漱芳斋

漱芳斋小戏台

漱芳斋内多宝格

的“漱芳斋”就在重华宫东侧。在《还珠格格》里，它是还珠格格小燕子的住所，不过真正的漱芳斋里可没住过“小燕子”，而是乾隆皇帝改造重华宫时，专门辟出的一处雅斋。后来，乾隆皇帝在这里用膳听戏。“漱芳”就是洗涤修养、美好德行之意。所以，如果喜欢《还珠格格》的朋友想要到故宫里去寻访小燕子的踪迹，去漱芳斋可就找错地方了。

在乾隆皇帝如此看重的地方举办如此重要的茶宴，还在60年在位时间中举办了53年之久，足以看出乾隆皇帝对重华宫的重视，对茶宴的重视。想必在重华宫喝茶时的碗碟碰撞之声，对参加茶宴的大臣来说，是无比悦耳的吧！

凿冰的声音

没有空调冰箱，紫禁城怎么过夏天

大家好，我是单霁翔。46种不同的声音，让你听到不一样的故宫。

今天的声音，是紫禁城凿冰的声音。

在紫禁城的皇家冰窖里吃饭，是一种什么样的体验？相信大家都很好奇吧。其实，故宫博物院早在2017年，就把沉寂了数百年的皇家冰窖向观众们开放了。

皇家冰窖有着悠久的历史，明朝的冰窖在紫禁城外。走进故宫，出隆宗门往西南角望，一座皇家冰窖就出现在红墙畔。它建于清朝乾隆年间，现存四座，呈南北走向，为半地下式的拱形建筑，所以从外面看，很像一组巨大而低矮的老屋。采用这种半地下的建筑形式，是为了利用地下温度来保持冰窖内温度的恒定。别看它外表没那么高大，其实里面别有洞天。

清朝时，紫禁城冰窖里有一种既保温又除菌的“高科技”建筑材料——麦饭石，又名豆渣石，它是火山岩类矿物质，当冰融化成水时，可将水中的杂质、细菌等吸附、分解，能有效防止水腐败，从而保证人们得到的都是优质水。同时，冰窖窖门外有旱井，井底比窖底深一米有余，与窖内相通，主要用于排出窖内融化的水，以保持窖内干燥。除此之外，墙体和拱顶与屋瓦间的夯土都很厚，密封隔热性

冰窖

清　宫中夏季使用的冰箱

非常好。所以就算在盛夏时，站在冰窖门口也能感觉到凉爽之气扑面而来，真是一个消夏避暑的好地方。当时的每座冰窖，大约可以存放5000块冰。

其实，所谓的清朝皇家冰窖，很长一段时间都是库房。木板子、汽油桶，甚至三轮车都入了冰窖，随意杂乱地摆放着。之所以想到把冰窖利用起来，让它成为一个有趣的景点，源于一次我去捷克出差。出差时，我发现一处城堡的地下室被开发为快餐厅，非常受欢迎。正巧故宫西部区域开放后，观众缺少歇脚的地方，所以才有了将冰窖开发为餐饮服务区的计划。因此，故宫冰窖才获得了重生。

在开放清朝冰窖前，故宫的工作人员

冰窖南二室内

冰窖南三室内砖垛

冰窖外观

餐厅一层的石墙

给墙面做了清洗。清朝冰窖用的老城砖温润厚实，观众们参观时可以用手抚摩，来感受历史的沧桑。进口处的墙壁被琉璃制成的冰砖包裹起来，而餐厅之中巨大的冰凌吊灯也将整个屋子映照得既古朴雅致，又现代感十足。冰窖的柱子、数百年前的石头墙壁上都贴满了琉璃砖，晶莹剔透，让观众朋友身临其境，感受非凡。

故宫对清朝宫中冰窖里所有的古建筑都采用原状保护的原则，而所有新加的东西都必须能跟古建筑脱离。这样的施工措施是可逆的，既不影响美感，同时也保护了古建筑，可谓一举两得。经过开发改造，清朝宫廷的冰窖成为今日的故宫冰窖。

休息区

雪窖冰天

故宫冰窖包括餐厅、咖啡厅和书吧，餐厅是其中的一个重要组成部分。故宫的工作人员用可逆材料在冰窖里搭建了二层小建筑，可接纳约300人同时就餐。餐厅菜单里的菜品透着皇家风范，如宫廷佛手酥、乾隆烩鱼肚和宫廷烤鸭等，还有一些接地气的快餐，如烧饼夹肘子、什锦鲜菌面和王母牛肉饭等。当然不能忘了故宫冰窖餐厅的招牌菜——烤鸭套餐。旅游部门过去给外地游客推荐时说，到北京要做三件事——逛故宫、登长城、吃烤鸭。现在人们时间很紧，到北京有时就一天时间，所以我们推荐大家到故宫要做三件事——参观故宫、登故宫城墙（2020年1月24日起

冰窖餐厅内景

冰窖餐厅烤鸭

冰窖餐厅烤鸭套餐

冰窖咖啡厅和书吧

冰窖前的松树

暂停开放）、吃故宫烤鸭。

故宫冰窖餐厅还研发了许多具有故宫文化特色的创意产品，比如具有宫廷特色的冰激凌、包装设计源于清代皇家御用冰具、冰上用品等。引入冷饮之后，游客们也能享用“皇家藏冰”了，并通过这种文化创意来了解古代宫廷的避暑方式及用冰制度。

如今，几乎家家户户都有空调和冰箱，储冰专供皇家权贵使用的历史也成为过眼云烟。但在储冰只能靠冰窖的当时，天然冰是十分珍贵的资源。皇宫夏日用的冰块都在前一年的冬至后半个月内准备好。

清朝每逢立冬过后，紫禁城筒子河等处就要涮河净水。先把水草等杂物清除掉，再把浮在面上的脏水放走，最后用木板墩筑起临时坝蓄水，便于结冰。用于食物冷藏或宫中避暑的冰会从紫禁城筒子河、北海及中南海、御河等地方采取。食用的冰会先在这些河湖旁挖一个水池，预先将干净的水存入。待到冬至后冰冻结实，再雇用采冰人伐冰。尤其是紫禁城筒子河取冰时，宫里总会回荡着响亮的凿冰声。

冰镩是采冰人的重要工具，杆长6尺多，顶部有1.5尺长带有双倒钩或单倒钩的矛状物。伐冰时要选取明净坚厚的冰面，由十几人排成一个间距相等的队伍，每人持一冰镩一齐对冰面猛凿，反复不断，到凿开大缝为止。然后调整方向，再重复同样的程序，把另外三边凿开，才能得到一大块冰。这时由少数人跳到这块冰上，把它分成小块，另有人捞冰块上岸。另一批人用麻绳把冰块绑好，推进或拉进冰窖。在冰窖内等候的人把冰块一层一层摆好，直到窖顶。

当时给宫廷运冰的车称为御冰车。冰装好以后，用带龙纹的黄布覆盖，御冰车行于街市畅通无阻，以最快的速度将冰块运至冰窖储藏。采冰往往在夜间进行。因为夜间结的冰未经日晒，不易融化，易于保存。整整半个月，每天如此伐冰纳窖，直至将各个冰窖装满为止。

皇宫的藏冰，主要是为了在夏季使用，是当时的“空调”“冰箱”。到了夏天，皇室用珍贵的琉璃冰桶、景泰蓝冰桶放置冰块来消暑，还会用冰块制冷饮、冷食，花样繁多。清朝的统治者爱吃冷饮、冰食是出了名的。乾隆皇帝《冰果》的诗句中就有将杂果放置在盘中，用冰块浸泡后做成夏季专属的冰镇饮食做法的记载。

今天，我们重新开放故宫冰窖，并将它作为餐厅等供观众参观利用，也是为了打开更多通道，用新开放的展厅和更有意思的展览，分散疏导客流。过去80%来故宫参观的观众都只是沿着中轴线看，但近年来开放区域不断扩大，2019年故宫博物院的开放面积已经达到了80%。我们要努力实现“红墙内无办公区”的目标，不再让大量的文物藏品沉睡在库房里面。

结冰的护城河

冬日采冰

瓷器的声音

皇帝审美趣味大比拼

大家好，我是单霁翔。46种不同的声音，让你听到不一样的故宫。

今天的声音，是故宫里瓷器的声音。

中国以“瓷国”的称号享誉于世。瓷器，流传千年，又走向四海，已成为我们国家的名片和符号。故宫博物院建立在明清两代皇宫上，收藏的陶瓷类文物约有35万件，绝大部分都属于原清宫旧藏的宋代“五大名窑”瓷器和明清时期景德镇御窑瓷器。

御窑实际上就是皇帝的私人工厂，御窑瓷器的烧造从品种、花色到造型都由皇帝直接控制，迎合皇帝的审美。

比如康熙朝的瓷器古拙浑厚、雄健壮美。康熙朝最著名的是康熙五彩。康熙五彩的色彩光艳夺目，人物多且满，场面壮观。而到了雍正朝，瓷器变得玲珑精细、淡雅清秀。瓷器上的景物比康熙时小，画面更深远、更有层次，留白增多。雍正时单色釉烧制最成功，尤其是青釉。

这种审美差异跟两位皇帝的经历和性格有关。康熙皇帝年幼登基，当时的国家百废待兴，康熙皇帝的主要精力都放在平定三藩这样的政务上，对艺术有个人偏好，但是没有过多积累。而雍正皇帝是中年登基，有足够时间培养自己的艺术爱

清康熙　青花五彩十二月花卉图题诗句杯（一组）

清康熙　青花空城计图盘

好。当皇子的时候他就在雍王府专门设了“匠人房”，还会亲自挑选工匠，技艺比宫里的还好，有时宫中做不出的活计他会让“匠人房”帮忙。雍正皇帝本人的性格是内敛而不张扬，这些都反映在了瓷器审美上。

到了乾隆朝，画风又是一大变。可能说到这里很多读者朋友脑海中已经浮现出一幅幅花团锦簇、色彩艳丽的画面。乾隆时期，国富民强，社会稳定，盛行锦上添花、大红大绿。乾隆皇帝也的确偏爱华丽繁复、新奇独特的器物，在网络上被网友戏称为“农家乐审美”。比如雍正皇帝喜欢素净、雅致的紫砂壶，但是乾隆皇帝就喜欢涂漆描金、印满纹饰的紫砂。了解更多一点的，特别是参观过故宫陶瓷馆的朋友，也许还会想起一件叫作“各种釉彩大瓶”的瓷器，这名字乍听是不是起得过于随便、过于接地气了？但如果你亲眼看到它的外表，就会承认，再没有比这更合适的名字了。这件瓷瓶不光体形很大，而且通身上下的装饰层多达15层，釉彩达17种，各种吉祥喜庆的图案热热闹闹地布满瓶身，像是在争奇斗艳。

乾隆皇帝的本意的确是想要“炫”，但他想要炫的并不是财富，而是技术。这件各种釉彩大瓶的釉彩之所以如此繁复，是因为它承载了乾隆皇帝当年的一个心愿，就是创造一件能够集历代大成的瓷瓶，把从唐到清的历代制瓷工艺熔于一炉，把古今最具代表性的釉彩都集中在一

清雍正　斗彩皮球花纹罐

清乾隆　各种釉彩大瓶

清雍正　窑变釉弦纹瓶

清乾隆　各种釉彩大瓶（局部）

个瓶子上。

这个愿望听起来相当异想天开，因为不同种类釉彩的烧造温度不同，有的是高温釉彩，有的是低温釉彩，对于所需温度的要求更是十分严苛、精准，温度“差之毫厘”，成色“失之千里”。在古代的技术条件下，想要将各个釉层都烧制完美，难度可想而知。据后世专家预估，这样一尊瓷瓶烧造成功的概率仅有0.23%，但景德镇御窑厂的能工巧匠们居然真的完成了这个几乎不可能实现的任务，可见当时我国的瓷器制造工艺已经是炉火纯青。各种釉彩大瓶，传世仅此一件，因此被誉为“瓷母”。大家到故宫陶瓷馆参观，步入大殿后首先映入眼帘的就是这尊“瓷母”。

也许有人认为，乾隆朝的瓷器烧制技艺的确高超，但就审美情趣而言，康熙朝、雍正朝都远远甩掉乾隆朝一条街。其实，每个年代都有不一样的审美，每件国宝都有它独特的价值，一些体现的是技艺，一些彰显的是内涵，艺术的表达方式可以很多元。

话说回来，今天我们能够欣赏到这些帝王藏瓷中的珍宝已经实属不易。自明洪武二年（1369年）开始，明朝廷在景德镇设置官窑，此后数百年间，大批民间的能工巧匠会聚于此为宫廷烧制瓷器。宫廷甄选的标准极为严苛，即便是轻微的变形、色偏、开裂等瑕疵也不容存在。然后人们翻山越岭、小心翼翼地运送到宫中。至于大量的落选产品，也不允许有其他用途，只能被就地打碎、集中掩埋。前些年，故宫考古所在宫内挖掘了一个坑，里面全是被掩埋的破碎瓷片，年代从明到清，基本都是从景德镇运来的。这说明在宫里面用坏了的瓷器也不能流传出去。在当时这些官窑瓷器不要说飞入寻常百姓家，连见到真容都很难。20世纪20年代，紫禁城突然打开了大门对平民开放，据故宫博物院老员工回忆，第一天的接待结束后，他们捡地上踩掉的鞋子捡了整整一大筐，可见老百姓对于紫禁城皇家藏品的好奇与热情。

然而即便是今天，由于宫内文物众多，且都十分贵重，因此不能够实现一次性、大规模地公开对外展览。很多珍贵的文物老百姓只是听说过，并没有机会

景德镇御窑瓷器的展示

明代正统、景泰、天顺御窑瓷器的展示

见到。考虑到这种情况，2015年故宫博物院从馆藏的35万件瓷器中选出了康、雍、乾时期的10件珍品，定为“故宫十大珍宝瓷”，并重启了“宫廷造办处”，组建了专家团队，按照清代御窑的用料、配方、工序对这10件珍宝进行仿制，并按照严格的清宫检验标准来验收，确保每件成品与原物在神、形、色上的误差控制在0.5%以内。之所以花费两年时间、投入大量人力财力来进行国宝再造，一方面是为了满足观众们的观赏需求、收藏家们的收藏愿望，真正实现“让收藏在禁宫的文物活起来”；另一方面，也是对瓷器烧造古法技艺的传承，避免流传千年的工艺失传。

故宫一直致力于将过去600年间在封闭系统中运转的宝物放到一个开放环境里，使更多的人有机会去了解它、享受它、传播它。2020年新的陶瓷馆也落成了，由文华殿

三希堂壁瓶

移到了武英殿，展览面积比原先扩大了近60%，展品由400多件增加到1000多件，年代延长到了民国时期，包括很多以前从未亮相过的藏品。在形式上也有所创新，它开辟了五个特色主题，还会定期推出明星展品。感兴趣的朋友有机会可以来亲自欣赏，看看哪件国宝最符合您的审美。

新陶瓷馆

电话铃声

清朝皇帝科技生活

大家好，我是单霁翔。46种不同的声音，让你听到不一样的故宫。

今天的声音，是电话铃声。

可能大家很难想象，宫廷之中竟然装过电话。电话在传入中国时叫德律风，也就是英文单词“telephone”的音译。末代皇帝溥仪退位后有很长时间仍住在紫禁城中。1921年，他下令在养心殿安装了紫禁城的第一部外线电话，它跟整个北京的电话网是相通的。

作为退了位的皇帝，溥仪平时也没什么事儿做，安了电话以后就搞了一系列的恶作剧。他从电话簿上查到京剧名角杨小楼的名字，就拨通了杨小楼的电话，学着京剧里的道白说：“来者可是杨小楼？”杨小楼哈哈大笑问：“您是谁？”溥仪就把电话挂了。一个电话让溥仪玩得不亦乐乎，他还给东兴楼饭庄打电话订了一桌酒席，让人家送到某某宅子去。这部电话，现在就保存在故宫博物院。

随着时代的变化，古老的紫禁城和近代科技之间的关系也越来越密切了。除了电话，爱赶时髦的溥仪还喜欢骑自行车。1917年溥仪11岁时，有人向宫里进贡了一辆自行车，溥仪和婉容很快就学会了，经常在紫禁城里骑车转悠。紫禁城的宫门都

电话机

婉容骑自行车

有门槛儿，自行车没办法通过。于是，溥仪就命令太监锯门槛儿。这前前后后，一共锯掉了东六宫的五座宫门和御花园东西两门等30多处门槛儿。

溥仪骑车上瘾，买车也上瘾，他命令内务府从盐业银行贷款购买各国名牌车，就像现在的富豪收集豪车一样。根据清宫档案记载，溥仪的自行车有20多辆，有英国的三枪牌、德国的蓝牌、法国的雁牌等，还在故宫御花园的绛雪轩设了一个专门供他存放自行车的车库。

电灯在紫禁城里出现的时间就更早了。据记载，安装在慈禧太后寝宫仪銮殿的电灯，正是京城亮起的第一盏电灯。这盏灯就安装在今天怀仁堂西门墙外盔头作胡同北侧的饽饽房。可惜的是，因为保守势力的反对，电灯没有第一时间在皇宫普及。1907年12月26日，慈禧太后发布了一道懿旨，要求务必于年内在宁寿宫安装电灯。于是1908年1月，按农历算仍是年内，宁寿宫终于被电灯点亮了。发电机房就设在距离东华门一步之遥的北池子大悲院内。从此之后，紫禁城开始了全面安装电灯的时期。

事实上，清朝历代皇帝出于种种原因，都曾关注过近代科技的发展。尤其是康熙皇帝对自然科学兴趣浓厚，对西方的医学、药学、天文、地理、数学等都有涉猎，还请比利时传教士南怀仁担任科学老师，也算是清代中西方科技交流的盛事。康熙皇帝本人在1713年主持编撰了《律历渊源》丛书，结合当时传入的西方科学，对我国的数学、天文、乐理等知识进行了总结。这在相当长的时间里都是数学研究的必备参考书。他还让人翻译了《钦定格体全录》，这是一本关于人体解剖学的著作，书里还配了非常详细的解剖图，在当时可以说是很超前了。

康熙皇帝对医药试验也很感兴趣，他在宫里重金置办了很多实验器材，还研发过治疗疟疾的药物金鸡纳霜，也就是奎宁，并常常把这个药赐给大臣。江宁织造曹寅晚年病危时，曾托人向康熙皇帝求药。康熙皇帝立刻命人送药，并嘱咐说：“如果不是疟疾这个药用不得。”可惜的是还没等药送到，曹寅就去世了。

乾清宫内景

康熙皇帝不仅自己重视西方科学研究，还乐于培养皇子们。他曾经率领诸皇子在乾清宫观测日食，为了效果好，看得更清晰，特意使用了千里镜，也就是望远镜，在千里镜四周夹纸来遮挡刺眼的阳光。

在康熙皇帝的培养下，皇子们多少都

懂一些拉丁文，掌握了字母发音。雍正皇帝就懂拉丁文，据说还因此“破获”过九王爷写给八王爷的拉丁文密码信。后来雍正皇帝还促成了“西洋学馆”的创建，培养中国自己的翻译人才。

康熙皇帝放到现在，那妥妥地就是一个“斜杠学霸”，可惜这些并没有改变中国日趋落后的科技水平。到了乾隆时代，以马戛尔尼为首的英国使团来京。他们携带有大量的天文地理仪器、乐器、武器、船只模型等西方科技产品，包括当时最先进的蒸汽机、棉纺机和织布机，还有一个综合了天文学和机械学的天体运行仪，能够准确地模仿太阳系天体的各种运动，看得见月球绕着地球转圈；甚至包括英国最大战舰“君主号”的模型，那战舰装配有110门大口径火炮，是当时世界上最先进的军舰；马戛尔尼还准备了榴弹炮、迫击炮以及卡宾枪、步枪、连发手枪等武器，希望能讨好中国军官。

只可惜，此时的清皇室对于西方科技的重视已经大不如前了，清宫科学技术的发展逐渐向血压计、显微镜等艺术和生活

清　天平

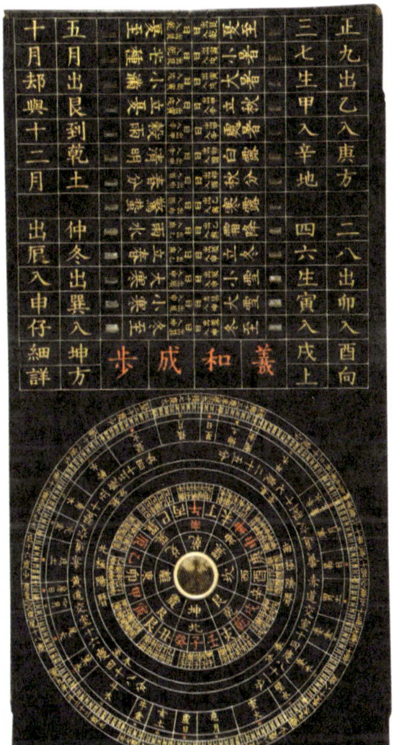

清　黑漆长方罗盘

领域转移。清晚期，皇室的兴趣主要集中在自行车、电影放映机等娱乐方面。

2015年6月，故宫博物院在香港科学馆举办“西洋奇器——清宫科技展”，大约120件馆藏的西方科学仪器亮相展览。展品共有绘画、天文、数学、度量衡、医学、武备、钟表、生活器具等八个主题，其中包括银镀金南怀仁款浑天仪、康熙皇帝御用铁枪、乾隆皇帝谕令宫廷画家绘画的《万国来朝图》、末代皇帝溥仪和婉容皇后曾使用的英国三枪牌自行车等。展览上还设有互动体验，游客们可以骑自行车“游览”紫禁城。

同年12月，故宫博物院在山东博物馆举办了“皇帝眼中的西洋科技展”，主要展出了清朝康、雍、乾三位皇帝曾收藏和使用的百余件科技产品，展现了近代中西交流在科技方面的成果。

展品包括清朝内府精写的古希腊数学名著《几何原本》、清廷收藏的可拆分式人体解剖模型，以及证明地球自转原理的佛科摆模型、16世纪问世的望远镜、欧洲铁质飞机模型等。

清　万国来朝图轴（局部）

英国三枪牌自行车

清　《几何原本》《算法原本》

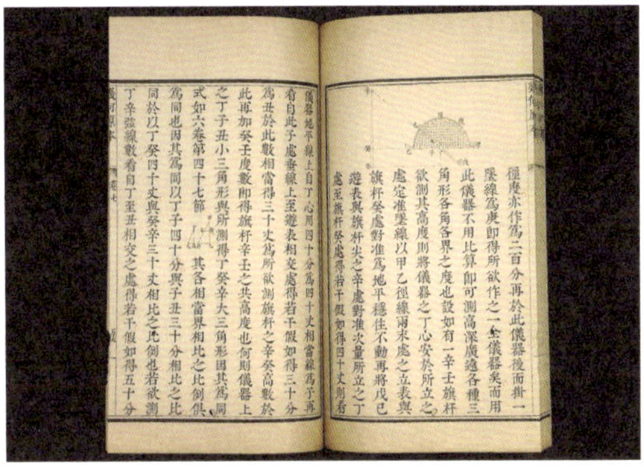

清　《几何原本》内页

展厅中还首次采用3D巨幕投影，把《万国来朝图》等内容融入时长七分钟的多媒体节目中，视频解构了太和殿，甚至比亲自去故宫看还更加细致。节目用现代科技手段还原了大清盛世，恢宏的音乐也让人仿佛穿越时空，回到过去。

还有钟表展区的文物，即使现在看来，也得感慨其巧夺天工的设计。比如铜镀金方花盆式表，当钟声响起来的时候，钟表上的人和马都会随着转动，非常有趣。大家可以想象，几百年前皇帝看到这样精巧的装置时会有怎样的表情。

通过这样的展览，观众可以对中西科技交流史有更多的认识，也能更好地思考当时中国科技为什么逐渐落后于西方国家，从而认识科技在社会发展和国际竞争中的重要性。

炒菜的声音

御膳房和舌尖上的紫禁城

大家好，我是单霁翔。46 种不同的声音，让你听到不一样的故宫。

今天的声音，是御膳房炒菜的声音。

御膳房可以说是影视剧中出镜率极高的场所。可是御膳房到底在哪里？那些御厨是怎么应聘上岗的？皇帝以及后妃们平时都吃些什么？……今天，我们就来聊聊这些大家特别感兴趣的话题。

其实明朝的时候御膳房还不叫御膳房，宫廷餐饮的管理主要分为两大系统：其中光禄寺和太常寺专门负责宴会典礼的筹备置办；而尚膳监、尚食局、甜食房等负责皇帝御膳、宫廷的日常饮食。

御膳房这个名称，其实是清朝才出现的。据《国朝宫史·续编》记载，皇帝有御膳房，皇后有内外膳房，寿康宫皇太后有外膳房。也就是说在紫禁城里，有若干个小组，有的专给皇帝做饭，有的专给皇后做饭，有的专给太后做饭。这些膳房的上级单位叫御茶膳房，是内务府下面的一个机构，负责宫廷一切饮食，位于箭亭的东南侧。清朝初年，御茶膳房下设茶房、清茶房和膳房。随着国力的强盛，宫里的御膳也就越来越讲究了，御茶膳房渐渐地增添了内外饽饽房、菜库、酒醋房、官三仓、恩丰仓、茶库、炭库、柴库、果房、

养心殿御膳房

养心殿御膳房南门

御茶膳房

牲畜群等机构。

御茶膳房的各处膳房中，最核心的是内膳房，位于养心殿以南、军机处以北，又称养心殿御膳房，负责皇帝的膳食。因为是在乾隆十五年（1750年）由原本的膳房奉旨而改的，所以至今，内膳房的匾上仍是膳房两个字，那是当年康熙皇帝的亲

“御膳房”匾

笔。内膳房跟皇帝关系非常密切。皇帝每天大量的时间都在养心殿处理公务，这样

乾清宫家宴（复原图）

到了饭点，皇帝就能很快吃上热的饭菜。

跟内膳房相对的还有个外膳房，位于景运门外，也就是现在珍宝馆南面。原本是侍卫饭房，乾隆十五年改为外膳房，主要负责包办各种典礼宴会，比如大宴群臣和我们熟悉的所谓满汉全席，同时也会为值班大臣、侍卫准备饭菜。

此外，圆明园、颐和园等御园里，还有园庭膳房；热河、滦河、张三营等行宫，还有行在御膳房。皇帝每次出行时，都带有一个御膳班子，以供其吃喝。

皇帝的饮食自然很讲究，御膳房里根据食材和食物种类设置了五个局来管理。荤局主管肉、海鲜、河鲜等；素局主管青菜、干菜、植物油料等；挂炉局主管烧、烤类的菜点；点心局主管包子、饺子、饼以及宫中各式各样的糕点等；饭局则主管粥和饭。所有食材，包括许多厨具和餐具，都是内务府的掌关防处提供的。

大家可能会很好奇，皇帝后妃们吃得这么讲究，御膳房里的御厨都是怎么选拔的呢？在清朝前期，为了饮食安全，御膳房里的厨师基本都是内务府包衣籍的人。包衣在满语中是家奴的意思，内务府包衣归内务府管辖，专门服务皇室。他们很多人的厨艺都是家族世代相传的，最擅长做的是满族菜品。比如，有一位著名的满族御厨叫作雅喀穆，最拿手的就是全羊宴、烤肉等满族传统菜式，深受皇帝的喜爱。后来，御膳房开始从全国各地征召大厨，菜品也逐渐多元起来，不那么单一了。传说，慈禧太后有一次突然想吃山楂糕，宫里人赶忙在宫外找了位姓张的糕点铺老板，连夜制作。慈禧太后品尝之后赞不绝口，称其为金糕。张老板也因此名声大噪，金糕之名也在老北京流传了下来。

那么皇帝平时都吃些什么呢？我们以大米为例，帝后们食用的大米分黄、白、红等好几种，有的是贡米，有的是京西稻、南苑稻，只有优良稻产区的稻米才有可能入选。在吃肉这方面，皇家可是一点也不含糊，内务府下设庆丰司，专门为皇帝养殖牛羊，提供最高标准的牛羊肉、奶制品。除此之外还有各种山珍海味从四面八方进贡，像江苏的糟油、河南的油菜、浙江的蜜枣等，都曾是皇家标配的贡品。

皇帝吃饭分传膳、进膳、用膳三段进行。每次传膳前，先呈上膳单，膳单上注明用膳的时间、地点、菜品清单，以及哪道菜用什么器具盛放、用什么桌子等细节。

民间有这样的话：帝王一餐谱，百人数年粮。平日皇帝最普通的一顿饭也要上差不多20道菜。但是皇帝也很难啊，因为有整整6桌菜只是放在那摆拍，不准动筷

清　同治款黄地粉彩“万寿无疆”餐具

清　镶旧玉紫檀柄银匙

清　黑漆描金缠枝莲团锦纹餐具

宴桌（复原图）

清　乾隆款剔彩大吉宝案

子；可以吃的菜不管皇帝怎么喜欢，也不能超过3勺，所以根本就吃不饱。有人说这是要保持皇帝庄重不贪食的威仪，也有人说是防止有人知道皇帝喜欢吃什么方便下毒。慈禧太后的时候，每顿正膳所用菜肴，至少要摆满3张拼起来的膳桌，菜品常常在百种以上，什么冷盘、热菜、小菜，应有尽有。

虽然皇宫里的食材来自全国各地，品质也是顶尖的，但很多时候等皇帝吃到嘴里，早已经失去了美味。据溥仪《我的前半生》中的回忆，他每餐几乎有100多道菜。这些菜是御膳房提前准备好的，否则到了用膳的时间根本来不及制作。因此，这些菜在皇帝吃上之前，都被保温加热过好几次了，一点都不新鲜，也不好吃，只是排场比较好看而已。后宫的嫔妃们早就吃厌了这样的饭菜，想改善膳食，有的用自己的份例银子让膳房现做一份，有的让太监出宫去买，还有极少数地位高、资历深的，在宫里自己设立一个小厨房。最有名的便是慈禧太后的西膳房，由总管太监管理，也设立了五局，跟御膳房中的五局相比，少了挂炉局，多了饽饽局。据说有点心400多种，菜品4000多种。

如今，御膳房已经不再承担厨房功能。那么现在人们在故宫里饿了怎么办呢？故宫博物院专门设置了两处餐厅服务观众。位于现在珍宝馆入口附近的故宫餐厅，面积不大但种类丰富，既有中餐也有西餐，既考虑国人的口味，也照顾到了外国观众。故宫里的皇家冰库，已经被改造成冰窖餐厅。疲惫饥饿的观众可以来这里喝喝茶、吃吃饭。这里还有正宗的北京烤鸭，都是专门请来的师傅精心烹饪的，物美价廉。

至于历史上那些珍贵的宫廷饮食古方，如果一直是白纸黑字地沉睡在史料中，不免让人觉得遗憾。现在，故宫博物院把宫廷御膳搬到了网上，研发出“朕的心意”故宫食品品牌。

故宫食品在生产上走的是宫廷路线。不管是食材原料，还是制作工艺，都经过精心遴选。比如玫瑰饼，所用玫瑰来自京西妙峰山，这里的玫瑰历史上就是贡品。在工艺上，故宫食品的研发和量产，都是由老字号来完成。如“妃常暖”姜茶姜饮，就是由浙江拥有200多年历史的寿全斋来承接的。

故宫餐厅

故宫食品的合作顾问是苑洪琪教授。她在故宫博物院专事研究宫廷生活及饮食数十年，从浩如烟海的旧档案里，一点点挖掘出宫廷饮食古方。比如由人参、茯苓、莲子、薏仁、山药等八种药材组成的宫廷糕点方子，传说是慈禧太后拿来调理脾胃的，如今也通过现代技术改良，变身为方便人们食用的食疗粥品。通过这样的途径，年轻一代也能用最便捷的方式把故宫文化带回家。

滑冰的声音

紫禁城里的娱乐活动

大家好，我是单霁翔。46 种不同的声音，让你听到不一样的故宫。

今天的声音是紫禁城里冬季会出现的一种声音——滑冰声。

看过清宫剧《甄嬛传》的朋友可能还记得，电视剧里面有一个叫安陵容的嫔妃，因为在冰面上跳了一支冰嬉舞，从而获得了皇帝的赏识。提到这个冰嬉舞，就不得不说一说这种舞蹈的原型了，它就是冬季清朝皇宫里最热门的一项娱乐活动——冰嬉，类似我们现在的滑冰活动。

冰嬉其实是古代冰上活动的总称。大家知道，在北方，冬季冰天雪地，天气寒冷，自然而然地就产生了许多丰富多彩的冰上活动。明朝的时候，冰嬉活动已经成为宫中的一项热门活动。太监刘若愚在《明宫史》中记载，皇城阳德门外，冬天水结冰以后，可以坐拖床。拖床就类似北方的雪橇，所以也称为胡床。一般宫里的人坐的都是一些比较简单的拖床，木板上放一个可折叠的凳子或者一面草席；皇帝坐的拖床就比较考究了，两边各一块两端上翘的厚木板，下面要安装铁条，用横木连接起来，再在上面铺设平板，拖床四周还要竖立柱子支撑顶盖，然后再挂上帷幔，帷幔之中再放置坐榻。拖床行进时，宦官用绳子在前面拉，用杆子在后面推。

冰嬉到了清朝彻底发扬光大了，甚至被列为“国俗”。大家可能要问，这里面有什么缘由呢？这就需要了解一下清王朝建立的历史了。因为清王朝是满族人建立的，而满族世代居住在“白山黑水”间，地域寒冷，所以冰雪运动不仅仅是他们的娱乐活动。明朝末年，努尔哈赤在关外就拥有了一支善于滑冰、装备精良的队伍——费古烈部。

有一次，努尔哈赤的领地墨根城遭到了蒙古巴尔虎特部落的猛烈围攻，情况十分危急。努尔哈赤命令费古烈部立即北上救援。

这支部队的士兵配有一种滑冰工具，叫乌拉滑子，他们把炮架在爬犁，也就是雪橇上，沿着冰层飞速前进，一天可以急行700里。等他们到达时，墨根城几乎就要被敌人攻破了，费古烈部的救援部队炮火齐鸣，本以为马上就会取胜的蒙古巴尔虎特部就这么被打败了，墨根城的危机也随之解除。

从此以后，努尔哈赤更加重视部队的冰上作战能力。他把冰上运动列入军事项目，还在皇室贵族和民众之中大力推行冰嬉活动。清军入关后，迅速把这项活动普及起来，宫廷冰嬉也就随之成为清朝的国俗。每年的冬至到三九期间，清宫都会在太液池上举行一年一度的冰嬉大典，皇帝都要亲自参加。

故宫博物院收藏着一幅画，那是乾隆年间内廷供奉所画的《冰嬉图》，我们可以在其中看到当时冰嬉大典的热闹景象。滑冰的场所一般是在北京的太液池，也就是今天的北海和中南海。在举行冰嬉活动之前，内务府一般会先派太监用水泼洒冰面，保证冰面光可鉴人、平滑如镜；然后摆放好礼炮，设立好旗门。

当天，皇帝会与王公大臣到现场一起观看。其中有一项重头戏叫作转龙射球，参加这项表演的人数为1600人，代表8个旗，每旗200人。他们腿部绑着皮护膝，脚上穿着有冰刀的皮靴。那时的冰刀比较简单，在木板上镶好虎牙状的钢刀或钢片，绑在皮靴底下就可以了。

广阔的冰场中央会摆设三座旗门，旗门的顶端高高悬挂着用彩穗制成的球。两

清　张为邦、姚文瀚等　冰嬉图卷（局部）

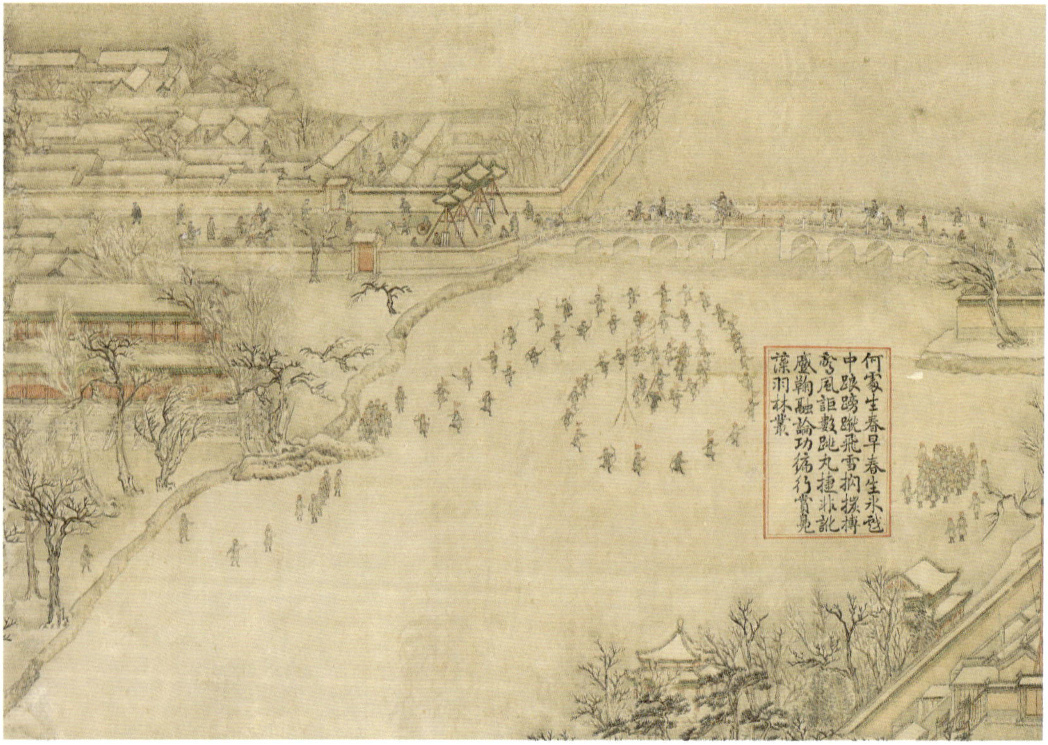

清　徐扬　京师生春诗意图轴（局部）

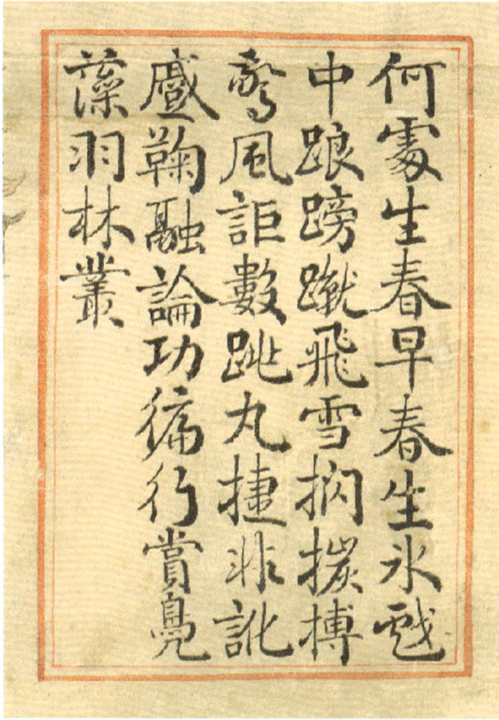

清　徐扬　京师生春诗意图轴（局部）

清　冰鞋

队队员各自列成一路纵队，有序地从三座旗门中穿过，在明镜一般的冰场上会滑出两个卷云形的大圈，格外威风。从《冰嬉图》中我们还可以看出，队员在溜冰表演的同时，还会施展各自的绝技，如犀牛望月、金鸡独立、凤凰展翅、燕子戏水等。

刚刚和大家讲的主要是明清两朝的冰嬉情景，而现在的故宫博物院里，我们还能看到冰嬉的场景吗？

其实，在2008年的时候，为了迎接举世关注的第29届北京奥运会，故宫在奥运会开幕前的一个月，在三大殿东西两侧的主要通道的触摸屏上发布了“紫禁城里的运动会”虚拟专题展览。虚拟展览向观众们介绍了12类中华传统运动项目，其中一类就是冰嬉。还有在2019年，我们为了迎接春节，曾举办过春节大展“贺岁迎祥——紫禁城里过大年”，这项展览内容中有一个重要的部分，就叫作冰嬉乐园。

除了冰嬉，其实皇宫里的人们在冬季还会进行一项更为普遍的娱乐活动，那就是画《九九消寒图》。

“宫里过大年”数字沉浸体验展中的冰嬉乐园

在中国，很早就有“数九寒冬”的说法：“一九二九不出手，三九四九冰上走……”这首民间流传已久的《九九歌》相信大家都很熟悉。有情趣有才华的古人，便发明了有趣的书画游戏，画《九九消寒图》，记录从冬至到初春的“九九”，一共八十一天的气候变化。《九九消寒图》有图画有诗文，可以涂梅花瓣、填字、勾缺等，形式多样，一般以九为单位，一共八十一笔。按照图案，每日描画一笔，并用描的不同位置表示不同的天气情况；填完一字表示过了一九，当颜色填满的时候，九九结束，春回大地。

明清时期的宫廷，都流行这个游戏。到了数九寒冬，司礼监就把制好的《九九消寒图》分发给各宫。就连皇帝也对此兴趣盎然，道光皇帝曾经亲自写下“亭前垂柳珍重待春风” 九个字，并制成消寒图，每个字正好是九画，题名“管城春满”。管城就是毛笔的代称。故宫养心殿后殿的燕喜堂，就悬挂着一幅描好了的《九九消寒图》。这幅《九九消寒图》从1923年农历十一月十六冬至这天开始，到1924年农历二月初八结束，是溥仪在宫中的最后一幅《九九消寒图》。

故宫也推出过一项教育活动，就叫作“数九消寒”。课程中，老师会介绍冬至节气的相关知识，讲解冬季“数九”的历史缘由，并带领学生们认识不同样式的《消寒图》。同时，大家也可以亲自动手，自己描绘一幅独具个性的《消寒图》。我们通过不同的形式，让观众们感受与故宫亲密接触的乐趣，带给观众更好的参观体验和文化享受；希望通过这些活动，让大家感觉到传统文化不再遥远，而是就在身边。

唱戏的声音

紫禁城里的戏曲生活

大家好，我是单霁翔。46 种不同的声音，让你听到不一样的故宫。

今天的声音，是我们比较熟悉的戏曲声。

在古代，没有这么多娱乐项目，看戏就成了紫禁城里最主要的娱乐方式。每逢典礼庆贺、良辰吉日都要在宫里演戏，清朝剧目大多是传统的吉祥戏，如除夕演《升平初岁》，上元节演《万花向荣》《升平宝筏》，端午节演《瑞雨丰禾》《灵筏济世》，中秋节演《登高览胜》，冬至演《玉女献盆》，皇帝和皇太后的生日则演《四海升平》《万寿无疆》。

清朝大部分皇帝都爱好戏曲，顺治皇帝就派人创作修改新式剧本；康熙朝成立了南府，专门管理宫廷戏曲排练和演出等事务；“工作狂”雍正皇帝在圆明园盖了一座三层大戏楼——也就是同乐园清音阁；乾隆皇帝对戏曲更加痴迷，在紫禁城中大兴土木建造戏台，宫中的戏台绝大部分都是这一时期修建的。戏台也成了故宫的特色建筑之一。紫禁城曾有过十一座戏台，目前留下的有五处，其中畅音阁戏台是三层大戏台，漱芳斋戏台、长春宫戏台是中等戏台，漱芳斋内的风雅存、宁寿宫室内倦勤斋戏台是小型戏台。各种规格的戏台功能界定清晰：小戏台演宴戏、八角

畅音阁大戏台

漱芳斋戏台

鼓、岔鼓、太平鼓、杂耍和戏曲清唱，中等戏台承办一般折子戏，三层大戏台则上演大型神鬼剧或全本戏剧。

乾隆皇帝常去看戏的地方就是“漱芳斋”，但这个“漱芳斋”可不是《还珠格格》里的“漱芳斋”。这个漱芳斋，始建于明永乐十八年。在清朝它是乾西五所之一，原来是皇子和妃嫔居住的地方。乾隆皇帝即位后，把乾西二所升为重华宫，三所变成重华宫的厨房，头所改作漱芳斋，并在院内增建了一座大戏台和一个室内小戏台。

漱芳斋院子里的大戏台是座亭式建筑，面阔、进深各三间，黄琉璃瓦重檐四角攒尖顶，舞台面积90平方米左右，是宫中最大的单层戏台。戏台上方彩绘着蓝地白云吉祥图案，正中顶棚铺着活板，演《四海升平》《群贤祝寿》之类的天宫戏时，扮演神仙的演员可由此乘祥云下降人间。

后殿西间内建有一座名为风雅存的小戏台，供皇室举行家宴时表演折子戏。传说乾隆皇帝曾亲自登台为崇庆皇太后演奏过单弦，以示孝道。

乾隆朝后期，遇到元旦、万寿等重大节日，都会在畅音阁看戏。畅音阁戏台是乾隆时期开始建的，据记载一直到嘉庆时期，后部的扮戏楼才竣工。

畅音阁位于现在故宫博物院珍宝馆内，总高20.71米，下层戏台面积210平方米，是清朝北京最大的戏台，也是紫禁城内现存的唯一一座三层戏台。由于规模宏大，每逢重大节庆，基本上就在这里演戏，演出的剧目也大多是歌舞升平的吉祥神仙戏。畅音阁的建筑结构非常巧妙，从外表看，上下共三层，分别命名为福、禄、寿，但实际上有五层。五层戏台之间都能相通，演绎大型神话剧目时，可以区分天宫、人间、地府，每层都有绞盘、辘轳、绳索等设备，能实现上天入地的宏大场景。最下层戏台的台板下，还设计了一间地下室，叫作地井，里面有四口旱井，可以使演员演唱时声音更加聚拢，具有类似音响的效果。

嘉庆、道光、咸丰年间，皇家看戏以圆明园同乐园为主，每逢大典才在畅音阁演戏。畅音阁最热闹的时候，是清末慈禧太后当政时期。每逢节日，慈禧太后总是由皇帝、后妃、命妇以及王公大臣等陪着到畅音阁看戏。1884年慈禧太后50岁生日时，筹备畅音阁大戏，光是购置戏服和道具的支出，就耗费了白银11万两之多。从另一个角度看，这也促进了京剧的繁荣发展。

清宫里演戏的艺人，南府时代主要分内学和外学，内学指的是太监伶人，外学则是民间艺人和旗籍伶人；道光以后，南府改组为升平署，演戏者就主要是太监们了。

光绪初年，慈禧太后以在长春宫服务的近侍太监为主，成立了“普天同庆”本宫班。慈禧太后喜欢皮黄戏，对昆曲也很是内行，哪个太监唱错了，她还常常予以纠正。心情好的时候，她还亲自指定剧

清光绪　青色缎绣飞虎纹袴衣

清　红色纱绣云纹飞虎旗

目，指挥太监们排演神鬼戏。连慈禧太后身边的红人李莲英和小德张都能粉墨登场，与宫外名家搭戏。小德张白天当差，晚上练功，每天只睡三个小时，苦练三年，学会了武生的全套功夫。伶人太监耿进喜15岁被派去学戏，学成后每年正月在畅音阁唱戏，冬日在丰泽园唱戏。到后来宫里的戏班子都能独立演戏了。这些伶人太监都是由当时的名角儿来指导的，演美猴王的杨月楼教《铁笼山》，小叫天儿谭鑫培教《四郎探母》。

光这样还不过瘾，光绪十九年（1893年）以后，民间戏班开始整班进宫演出。据记载，1896年一年当中，四喜、玉成、承庆、同春等班社在紫禁城和颐和园的演出就将近50场。

我们经常在电视剧里看到，太后、皇帝和皇后看戏都在院子里排排坐，依照身份排位，太后在最中间，不受宠的妃子坐在角落。实际上，皇家看戏都是坐包间的。宫里演戏时，院子里其实是空的。畅音阁北侧是阅是楼，东西有厢廊相连。阅是楼下层次间靠南窗均设有宝座床。阅是楼是皇帝、后妃、皇子等人看戏的地方，王公大臣在东西厢廊看戏。

清　取金陵（戏画）

清　飞虎山（戏画）

清　白色江绸绣云纹飞虎旗

太后看戏也不都全神贯注，在《太监谈往录》中，太监耿进喜回忆起慈禧太后在畅音阁看戏时的样子：老太后坐在炕上的时候多，也有坐在凳儿上、椅子上的时候，也有溜溜达达站一会儿或是从后门出去遛个弯，或是睡会儿觉的时候，可是台上还得照常唱，打早上唱到晚上。

如今，以看戏为主要娱乐活动的时代已经过去了，畅音阁自清朝终结以后有100多年没有演出了。2017年9月19日晚，一曲《春江花月夜》响起，揭开了畅音阁作

宫廷戏曲研究所揭牌仪式

为故宫博物院戏曲馆的序幕。故宫博物院对畅音阁进行了修缮，设计了新的参观动线，贯通了扮戏楼、畅音阁、阅是楼三个空间，使观众可以一睹剧场全貌。

曾经为帝王贵族服务的大戏台，时隔百余年，又以全新的面貌在观众面前亮相。如今，故宫博物院在戏曲馆里展示戏曲文物，并逐步恢复宫廷戏曲，这样，文物才算是真正地“活”了起来。

读书声

皇子们在上书房是怎么学习的

大家好，我是单霁翔。46 种不同的声音，让你听到不一样的故宫。

今天的声音，是故宫里的读书声。

我们在看清宫剧的时候，有时会看到皇子们在一起读书学习的情节。身份尊贵的皇子见到教学的师傅总是恭恭敬敬的。师傅也是侃侃而谈，教授皇子修身治国之道。这些情景，就发生在大名鼎鼎的上书房中。

上书房作为皇子上学读书的地方，是从康熙皇帝时期开始的。康熙皇帝年幼时读书很刻苦，后来也对皇子们的学习特别重视，不仅早早为太子安排了很多课程，还在南薰殿、兆祥所等处设了上书房，让其他皇子也跟随名师好好学习、勤练骑射。

雍正初年，皇帝将上书房的位置固定于乾清宫东南庑，以便随时了解皇子们的读书状况。那里有五间屋子，足够容纳数十位皇子读书学习。这就是如今故宫里的上书房。这里要说一下，很多人都搞不清到底“shàng 书房”是哪个“shàng”。其实，原本应该是“崇尚”的“尚”，取的是崇尚读书的意思。但是人们习惯性地用“上下”的“上”字，所以道光年间，干脆就定为上书房了。

历任皇帝都会时不时地去上书房察看皇子们的学习情况。皇帝会特别优选几位满汉

清　昱宁行乐图

大学士担任上书房总师傅，负责督查课程。大学士张廷玉、鄂尔泰都担任过总师傅。总师傅之外，还有教授汉文、满文和蒙文的师傅，这些人要么是翰林官，要么进士出身。其中教满蒙文的师傅称“内谙达”，教皇子弓箭骑射的师傅称“外谙达”，都是旗人中的佼佼者。每位皇子都配有五名外谙达，可以说师资力量非常雄厚。

上书房里的学习制度相当严格，皇子们从6岁起就得拜师入学，从早到晚课程安排得满满当当。每天6点就要赶到上书房，开始一天的学习。上午一般是文化课，包括汉文、蒙文和满语，儒家的经、史、子、集等。上午11点左右，皇子们可与师傅们一同用餐。下午1点左右，可在院内活动、练习射箭，但过不了多久就得回教室。师傅们会针对当天所学知识出题考查。答题结束往往已经是下午3点。这时，皇帝会过来检查皇子们的功课。皇子们成排站列，一一回答皇帝出的考题，若是答得不好，还会被惩罚。小考完毕，上书房的课程才算完结，但皇子们的学习任务还没结束。大概5点吃过晚饭后，他们还得上一节军事体育课，也就是骑马射箭。

一年之中只有元旦、万寿节、端午节、中秋节及本人生日时才放假一天，其余多数时间皇子皇孙们都要在上书房和师傅待在一起；甚至连圆明园和避暑山庄里也都有上书房，跟随皇帝去避暑时，还得继续上学。

皇帝们对皇子拜师一事都非常看重。雍正皇帝在即位的第二年（1724年）就为皇子入学的事情特意发布了上谕，明确规定上书房内部的陈设和师生见面之礼，要求皇子见到师傅要叩拜。如果师傅不敢接受如此大礼，则可以改为“皇子向（师傅）作一揖”，师傅也要同样还礼，再引皇子向墙上悬挂的孔子画像施礼。

乾隆皇帝对上书房的师傅们也十分尊重。例如福建漳浦人蔡新入翰林院后，入职上书房，担任总师傅30多年，各位皇子都对他很敬畏。蔡新年老退休的时候，乾隆皇帝亲自下令在他归乡途中所经地方的地方官都需对他加以照料。蔡新90岁生日时，昔日在上书房刻苦用功的嘉庆皇帝，为恩师亲笔题书“绿野恒春”四个字相赠，一时传为佳话。

不过，老师和皇子们也不都是认真用功的。乾隆皇帝有一次偶然查岗，发现从二月末到三月初六的七天里，所有师傅竟然都没有到职。乾隆皇帝特别生气，处分了负责给皇子上课的近20名官员，轻的警告，重的，有的师傅甚至挨了板子，还有直接被革职的，一时也是震惊了官场。此后，上书房的老师与“学生”们谁也不敢懈怠了。

今天，紫禁城早已从皇室宫殿变为带有历史印记的文化遗产，但是宫里的读书声却以另一种形式保存了下来。如今的故宫博物院开展了很多教育学习活动，比如对中小学生集体实行免票参观和义务讲解，利用中小学放假期间举办形式多样的“故宫知识课堂”活动，组织学生来到故宫博物院参观、参加各类活动，担任志愿者，还在偏远山村小学开展知识讲解与手工制作相结合的儿童课程。

此外，故宫博物院还研发了适合青少年的“数字故宫”项目，通过视频短片、互动设计、故宫网站青少年版、App等潜移默化的形式，让不同的社会群体了解故宫文化内涵。比如《皇帝的一天》App，我第一次看到这名字的时候吃了一惊。我说这可不能搞，现在独生子女都是小皇帝了，在家说一不二的，还叫他们做一天小皇帝，那还得了。

《皇帝的一天》海报

制作团队跟我说，咱们是告诉他们，当皇帝很辛苦：每天早晨5点钟就得起床，还不能吃早饭，得先做一小时功课，还得去向太后请安，还得站在乾清门门洞里上早朝，然后才能吃饭，一天只吃两顿，还不能吃饱了。告诉他们，皇帝也是很辛苦的，让他们体会到现在的社会、现在的生活比以前的皇帝过得都幸福，所以我们要感恩，要更加努力回报社会。

我去试了试，画面非常可爱，用年轻人的话说，要被萌化了。皇帝凌晨5点就要起床穿衣、读书、骑射、上朝、用膳、批奏折。不会文言文怎么批奏折？其实，皇帝批奏折不用文言文，康熙皇帝都常写“朕知道了”，雍正皇帝也写过“这不可能”。大臣上奏报告进贡两幅古画，乾隆皇帝批复“假的，不要”。就这样，在玩的过程中，也可以让大家轻松有趣学历史。

除此之外，故宫博物院还以内容丰富、形式生动的校外课堂形式，让更多青少年了解、传承优秀的传统文化，架起青少年与传统文化之间沟通的“桥梁”。比如之前开展过一项名为“八旗娃娃放肆萌”的布艺人偶DIY（Do It Yourself）活动，活动对象为8~12岁少年，是为了让他们了解八旗制度的内容、起源、发展，以及京师八旗作为维护清朝稳定的主要军事力量的驻防方位与编制而开展的。此外还提供了布艺人偶DIY材料包，让大家都可以亲自动手制作，激发创意思维，表达独特个性。相信在这样的环境熏陶下长大的年轻一代，对我们优秀的文化遗产会有更深的认知。

朝珠碰撞的声音

大臣们是怎么上朝的

大家好，我是单霁翔。46种不同的声音，让你听到不一样的故宫。

今天的声音，是我们常在电视剧里听到的清朝大臣朝珠碰撞的声音。

看清宫剧时留心观察的朋友可能会发现，有一个东西的出镜率很高。它一般挂在皇帝、高官或者后宫妃嫔的脖子上，长长的一串垂在胸前，这个东西就是朝珠。刚才的声音正是朝珠碰撞时发出的。

朝珠是清朝特有的一种配饰，有彰显身份地位的作用。在乾隆皇帝以前，朝珠这个名称还没有出现，但佩挂素珠的记载却可以追溯到康熙朝。那个时候就有明文规定佩挂素珠是四品以上武职官员、五品以上文职官员的特权，雍正皇帝登基后又对佩挂素珠提出了严格的要求。

古代在京城任职的大臣，达到一定品阶后，是要参加朝会的，也就是我们平常所说的上朝。这些大臣是怎么上朝的呢？这就要从朝会开始的时间说起了。

清朝刚刚建朝的时候，朝会时间定在卯时初刻，也就是我们现在说的凌晨5点，差不多是天刚刚亮的时候。嘉庆中叶，改为6点。同治初年，两宫垂帘，两位年轻的太后，连同年纪还很小的皇帝，都把早朝当作苦差事。于是，朝会时间就“渐晚至辰时”，也就是7点到9点这个时间段。

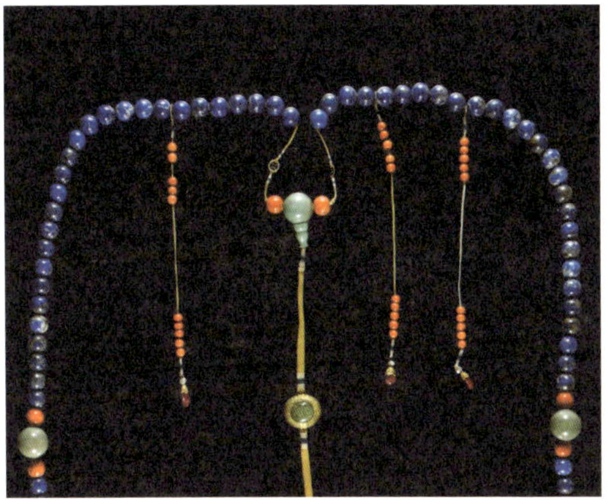

清　青金石朝珠

清　东珠朝珠

为了上早朝，分居各处的大臣无论职位高低，每天很早就要爬起来，住得比较远的，甚至要半夜一两点就爬起来。俸禄高、待遇好的，自己有轿子，有马；那些俸禄低、待遇差的，只能步行。尤其是当时有的大臣，承担着多项工作，有时还要值夜班，可以说是苦不堪言。

起早摸黑到了紫禁城外的大臣们还得候着。时辰一到，就从东华门或者西华门依次进入宫内。东华门外有一块下马石碑。到了这里，上朝的大臣都要下马、下车、下轿，然后步行入宫，以此表示对皇宫的尊敬，除非有皇上特旨恩准在宫内骑马坐车的，才可以破例。西华门和东华门职能一样，但因为

清　碧玺朝珠

下马石碑

出入东华门要经过一大片御马厩，大部分朝臣进出皇宫都走西华门。

清朝时，皇帝听政的地点在乾清门广场。从东华门、西华门进了紫禁城，大臣想要到达乾清门前，还需要通过景运门或者隆宗门。景运、隆宗二门分别在乾清门广场的东西两侧，是从外朝进入内廷的两道禁门。对皇帝而言，乾清门广场前边是“国”，后边是“家”。所以，皇帝召见的大臣所带的侍从人员，只能在门外台阶下20步远的地方站立，不能靠近。

因为清朝延续了明朝宫中禁火的制度，所以一到夜里，紫禁城里除了朝房和各个宫门，所有的地方都没灯火。冬天凌晨，大臣们入朝，都是摸黑走的。只有亲王和部院堂官等才有灯引路，但最多也只能照到景运门或隆宗门处。

等到大臣们渐渐到齐，值班太监们也已经在门内正中设好宝座屏风，布置好皇帝早朝的场面。一般太阳升起来的时候，皇帝也从宫内起身来到乾清门，在御案前坐好，开始一天的工作。

朝会中还有一系列礼仪规矩，这对大臣们来说也是严峻的考验。怎么说话、怎么着衣、站立的位置等都有严格规定，如果有不合规矩的行为发生，随时都有监察官员记录下来，事后会受到相应的处罚。

还有一个很大的考验，那就是跪功。清朝对于君臣礼仪规定相当严格，怎么跪，其中也是大有讲头的。

李鸿章老照片

《清会典》规定，只要是朝会，大臣就必须给皇帝施三跪九叩之礼，一旦某个大臣有幸被皇帝在朝会上召见谈话，或者赏赐恩典的时候，他必须摘下顶戴花翎，以头叩地，发出响声，能让皇帝听得到，这叫作"叩响头"。据说两朝帝师翁同龢每天晚上睡觉前，都要练习五次三跪九叩。而且在一些重要的场合，三跪九叩更是必不可少的。李鸿章在慈禧太后60大寿来临之前，还要每日练习三次三跪九叩的大礼，以便于从容应对。

很多大臣为了保护膝盖，都有自备的护膝。那护膝用厚约一寸的丝编制成，每天上朝就绑在膝盖上。只是，就算有了这套护膝，跪得久了也不得了。乾隆十三年（1748年），一位叫作刘于义的大臣在养心殿奏事。奏事结束后，年满73岁的他由于跪得太久，起身时不小心踩到衣服，摔倒在地上，随后很快便辞世了。

朋友们如果去故宫参观，不妨根据我刚才所说的，找到那几个门游走一番，体验一下清朝大臣上朝的线路，还可以到珍宝馆展厅看一下东珠朝珠和青金石朝珠。

书籍印刷声

清朝皇家出版社

大家好，我是单霁翔。46 种不同的声音，让你听到不一样的故宫。

今天的声音，是书籍印刷的声音。

我们看清宫剧的时候，经常会听到“大学士”这个称呼。比如《延禧攻略》里的富察·傅恒是保和殿大学士、李鸿章是文华殿大学士、曾国藩是武英殿大学士。清朝，文华殿曾为皇帝讲经论史的地方，保和殿曾是科举考试殿试的地方，那么武英殿是做什么的呢？武英殿在康熙朝及之后，可以说是皇家出版社。

武英殿始建于明永乐年间（1403~1424年），在明朝是供皇帝休息、宴饮、斋戒的地方，历史上有许多重要事件发生在这里。比如，明朝末年李自成攻入北京后，在武英殿草草举行了即位仪式，第二天便撤离北京。撤离时，李自成下令火烧皇宫，好在武英殿幸免于难，没有被焚毁。后来，这里理所当然地成为政权过渡期的办公场所，多尔衮、顺治皇帝先后在此处理政务，少年天子康熙皇帝也是在这里开始亲政的。

康熙时期，武英殿造办处先后承担起刻书、修书的任务，迈出了成为皇家出版社的第一步。随着修书任务的扩大，雍正七年（1729年），武英殿造办处正式改为

武英殿

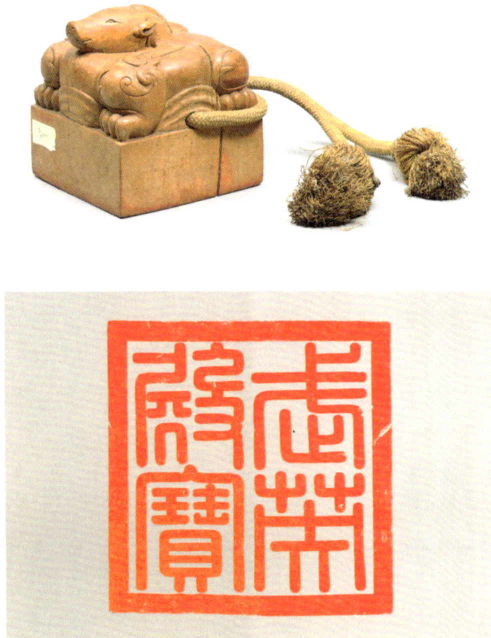

清　檀香木海马纽“武英殿宝”

武英殿修书处，成为内府刊刻书籍的专门机构，统管刊印、装潢书籍的事。

武英殿集结了一大批文士和各门类工匠，下设若干行政机构和作房，比如书作、刷印作、刻字作、铜字作等。在武英殿里刻印的书籍被称为殿本，其中不仅墨是特制的，纸张用的也是清朝最贵的开化纸，耐老化、洁白温软。

乾隆三十七年（1772年），乾隆皇帝下诏，要搜罗天下各类书籍，开设四库全书馆，并于次年正式开馆。四库全书馆设两处，一是在翰林院，主要负责纂写。二是在武英殿，负责誊写、校对、刊印、装潢。

各省搜集进呈的稀世真本源源不断汇

清 《钦定四库全书》书影

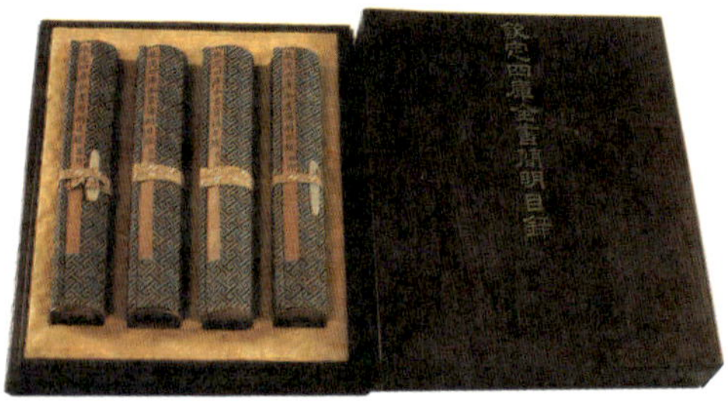

清 《钦定四库全书简明目录》

集到北京。因为《四库全书》编修时间预计会很长，乾隆皇帝就命令儒臣先校辑《永乐大典》中的散篇和珍稀的宋元善本，让武英殿先刊印流传。

当时主持武英殿刻书事务的是大臣金简。他主持刻印了4种书后，发现如果继续用传统的雕版刻印，费财、费时、费力。为了迅速出书同时节约成本，金简给乾隆皇帝上了一封奏折，算了一笔账，建议改用活字印刷。

在金简的计算里，雕版印刷光是一部《史记》的花费，就够刻一套15万字的枣木活字了，而且木活字可以套用在各种书籍上。为了增加说服力，金简还呈上了用活字印刷术印的50张《永乐大典》诗，乾隆皇帝看后，立即批示“甚好，照此办理”。就这样，一场轰轰烈烈的木活字印刷工程在武英殿开始了。

木活字印书不是金简拍脑袋想出来的。早在康熙末年，为了编纂、印刷《古今图书集成》，康熙皇帝下令武英殿设铜字馆，浇铸了100多万个铜活字，光这就花了三年时间，然后才是排版、刷印。到了雍正四年（1726年），第一部《古今图书集成》才以铜活字印刷完成，花费超过白银百万两。

可惜，乾隆九年（1744年），乾隆皇帝下令将百万铜活字熔化掉，用来铸造雍和宫大殿的三世佛。所以，当30多年后金简提议用活字印刷时，之前的铜活字都已经

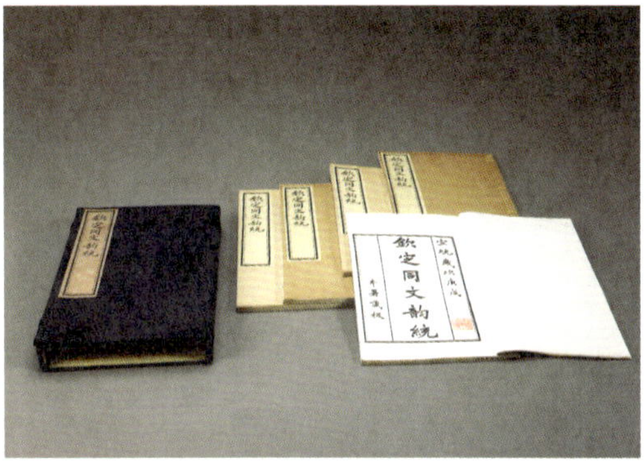

清　殿本《钦定同文韵统》

清　殿本《钦定元王恽承华事略补图》

清　殿本《西清古鉴》一函

不在了，而且当时铜料稀缺，金简便选择了材料易得、更容易镌刻的木料。

既然向皇帝做出了省财、省力的保证，金简就不能像康熙朝那样，为一部《古今图书集成》财大气粗地做出上百万个铜活字来，而是要精打细算。1774年5月，金简集中武英殿各类工匠全力以赴赶制出大、小木活字25万余个，总费用约2340两。

此后，从《永乐大典》辑出的需要印刻的书都由武英殿使用木活字印制，这可以说是历史上最大规模采用木活字印刷书籍的行动。乾隆皇帝觉得活字版这个名字不文雅，改名为聚珍版。乾隆时期，一共印书134种2400卷，连同最初雕版印刷的4种，合为一部《武英殿聚珍版丛书》。

晚清，宫廷修书事业渐渐衰落。武英殿也是命运坎坷，经历了雷击起火、被烧、重建。1914年，武英殿和敬思殿连接在一起，改造成为“工”字形结构的展室，对公众开放，主要展陈故宫珍藏的古物。

2008年，故宫博物院开始在武英殿设书画馆，并陆续推出“故宫藏历代书画

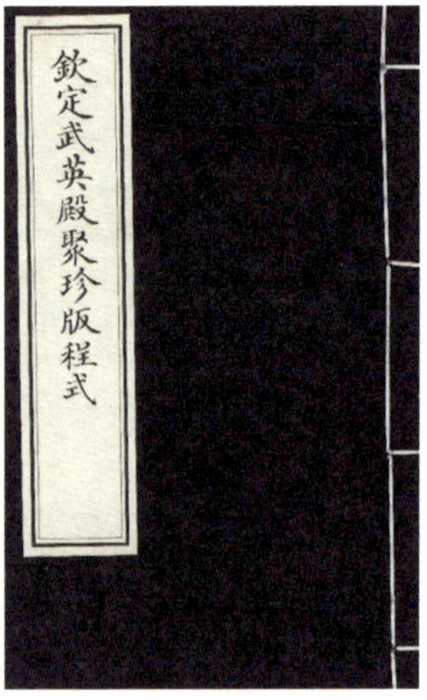

清 《钦定武英殿聚珍版程式》

故宫出版社外景

《故宫博物院藏明清家具全集》

展”，并作为常设展览，分批展示故宫馆藏的众多国宝级书画展品。2021年，武英殿改为陶瓷馆。游客们去参观武英殿，能看到很多陶瓷文物。大家对古代名窑瓷器或者明清两代御窑瓷器感兴趣的话，可以去一探究竟。

而故宫的出版事业还在继续发展。1983年，紫禁城出版社成立，这是全国3000多家博物馆中唯一的出版社。出版社在2011年改名为故宫出版社。

故宫出版社出版的书籍主要有宫廷文化、文物艺术、明清历史三大板块，包括故宫博物院藏品大系、故宫经典、紫禁书系等丛书系列及《紫禁城》期刊，其中《石渠宝笈》（精选配图版）、《故宫博物院藏明清家具全集》都曾荣获过中国政府出版奖图书提名奖。

故宫出版社非常注重对故宫文化的传

1935 年《故宫日历》

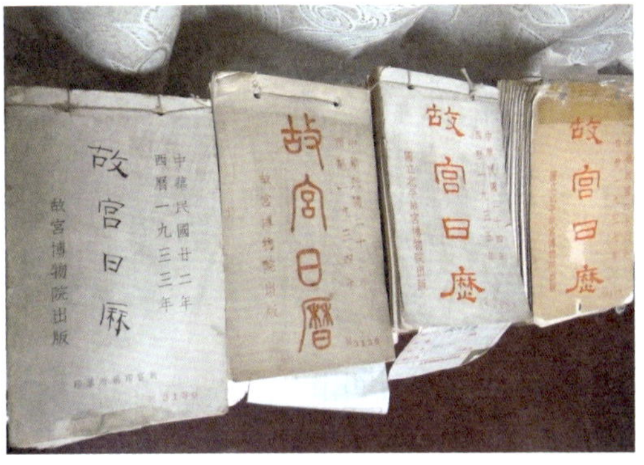

《故宫日历》系列

《故宫日历》家族

播，出版了不少优秀的文化产品，比如《故宫日历》《故宫如意日历》《九九消寒图》等。

《故宫日历》我要特别讲一下，它可以追溯到1933年故宫前辈冯华先生编纂的《故宫日历》，其中故宫藏品图片每日一张，历代书画、器物交杂穿插，成了当时的“头号社交礼物”。俞平伯在北大读书的时候，就给老师周作人送过《故宫日历》。

到1937年，《故宫日历》共出了5册。之后因为战乱，暂别公众视线。2009年末，故宫出版社以1937年版《故宫日历》为蓝本做了复刻版。之后，又从故宫博物院藏品中另行选材编排，每年更换新的主题。比如2013年的蛇年，以“山水有清音”为主题，展现古人诗意生活，取材来自山水画作，辅以文玩器用等陈设。《故宫日历》的每一件文物都是从浩瀚文物遗存中精心挑选，以适应主题，可以说是用一本日历反映故宫文化、传播故宫文化的有效载体，是为民众打开古代艺术宝藏的一扇窗户。

自鸣钟声

交泰殿自鸣钟的故事

大家好，我是单霁翔。46 种不同的声音，让你听到不一样的故宫。

今天的声音，是自鸣钟的声音。

清朝的宫廷陈设中，除了沉静的古代书画、器物外，还有一种热闹的机械玩意儿，那就是钟表。刚才的声音正是自鸣钟报时的声音。

自鸣钟，顾名思义就是会自动按时打点的钟。它的特点是一刻一响、一时一鸣。比如当时针、刻针都指向12点时，先打四响，表示四刻，再打12下，表示12点。打刻、打时的声音是不一样的，报刻的声音清脆洪亮，报时的声音明朗浑厚。悦耳的钟声可以一直传到乾清门外边。

中国古代，人们主要是用刻漏、借水或沙滴漏来测量时间。当然像这样的人工测量方法得到的时间没有那么准确。明朝末年，一个叫利玛窦的意大利人来到中国，给万历皇帝献上了一些贡礼，其中就有获得皇帝钟爱的大自鸣钟。

如今，故宫的交泰殿里也有一座大自鸣钟，但它并不是当初利玛窦带来的那件礼物。根据清宫造办处的档案，嘉庆二年，也就是1797年的时候，乾清宫失火，位于其身后不远处的交泰殿也受到大火的波及，大自鸣钟被毁。现存的这座大自鸣

交泰殿

20 世纪初　交泰殿内铜壶滴漏

交泰殿内宝座

钟是火灾后按原物重制的。

那么问题来了，被烧毁前的大钟是什么来历呢？有一种说法认为，这座大自鸣钟是由清宫造办处学习西方精密机械技术后仿造而成的；还有一种说法认为，被烧毁的大自鸣钟其实就是利玛窦进献给明朝万历皇帝的那一座。

利玛窦是意大利的一位传教士。他到

中国来的原本目的是想进行传教活动，可是在他的那个时代，中国的大门并不好打开。15世纪至16世纪，地理大发现和东西方航路的开辟等，激起了欧洲基督教教徒向东方传教的热情。大约从1540年开始，罗马教廷和各个教派就不断地进行着向中国内地传教的种种尝试。但那时的中国还是一个相对封闭的农业社会，由于沿海海盗的频繁骚扰，人们不自觉地对外国产生了一种敌视心理，早期到东方传教的欧洲传教士大都遭到了拒绝。

明　明神宗（万历皇帝）像

如何打开中国的大门，让利玛窦大伤脑筋。早在1598年，利玛窦就曾到过北京，打算在北京传教，但没有成功。三年后，在广州官员的指点下，他再一次以“进贡”的形式进京。这一次，他用钟表敲开了皇宫的大门。

万历二十九年（1601年），当万历皇帝第一次看见那座大自鸣钟时，钟还没有调好，到时不响。于是，他命令宣召利玛窦等传教士进宫修理。利玛窦告诉管事的太监，这些钟是一些非常聪明的工匠创制的，不需要任何人的帮助就能日夜指明时间，并有铃铛自动报时，还说要操作这些钟并不难，两三天就可以学会。听了太监的汇报，万历皇帝钦定四名太监去跟利玛窦学习钟表技术，并让他们三天内将大钟修好。三天还没有到，万历皇帝就迫不及待地命令把钟搬进宫殿去。

然而，大自鸣钟体积太大，宫中找不到一座合适的宫殿安放它，所以万历皇帝

交泰殿自鸣钟

交泰殿自鸣钟

就下旨让工部按照神父们画的图样，为大自鸣钟专门建造一座装饰精美的木阁楼。这座钟楼修建在交泰殿后的御花园里。

交泰殿位于乾清宫和坤宁宫之间，有着天地相通、阴阳交泰的寓意，同时也象征着帝后关系的和睦与协调，是明清两朝皇后在节庆日接受嫔妃、福晋、命妇的祝贺及皇子们行礼的最高级别场所。每年吉日，皇后主持祭祀活动以及生日庆典，大都是在交泰殿进行的。

大自鸣钟又是什么时候从御花园挪进交泰殿的呢？据《清实录》记载，交泰殿在顺治十二年（1655年）重建，第二年五月竣工，那时乾清宫、交泰殿因质量问题无法居住，顺治皇帝是无法把大自鸣钟搬进交泰殿里的。

清　康熙帝读书像

清　米色漆描金花望远镜

康熙八年（1669年）正月，康熙皇帝重修交泰殿，同年十一月入居乾清宫。那时，康熙皇帝酷爱西方科技，曾主动向西方传教士学习几何学和数学。他还成立制钟作坊，聘请西洋有技艺之人专门负责制造、维修钟表。康熙皇帝在位第五十年（1711年）的时候，他写了一首诗，歌咏自鸣钟。其中有这么几句："绛帻休催晓，金钟预报时。清晨勤政务，数问奏章迟。"不难看出，对康熙皇帝而言，大自鸣钟是他的勤政钟。

康熙皇帝住在乾清宫，交泰殿在乾清宫后，将自鸣钟陈设于重修后的交泰殿中并准确报时，对于一位勤政的帝王来说是非常重要的。虽然康熙皇帝之后，雍正皇帝也勤于政事，但他不住在乾清宫，养心殿是他处理政务和休息的地方。他没有必要把大自鸣钟挪进交泰殿里。所以，有学者根据史料推断，大自鸣钟在康熙朝时，就已经从御花园挪进交泰殿里。

除了放在交泰殿的大自鸣钟，当时利玛窦进贡的还有一座体积小巧的台式小自鸣钟。那座小自鸣钟，外罩木框，镶有镀金雕龙，每一刻钟便要鸣叫一次。万历皇帝对它十分喜爱，从不离身，并从向利玛窦学习钟表技术的四名太监中抽出两名，专门负责给这座小自鸣钟上发条。这其中还传出了一个趣闻。据说当时皇太后听说有人献给皇上一架自鸣钟，就叫太监从皇帝那里要来看看。可万历皇帝担心皇太后对小自鸣钟爱不释手，到时候留下了不还，于是他把管钟的太监找来，要太监把管报时的发条松开，使它不能发声，然后才给皇太后送过去。皇太后玩了几天，见不能自鸣报时，才把它送了回去。

总之，交泰殿里的大自鸣钟制造于清朝嘉庆三年（1798年）。外身漆黑描金，周身雕刻着西番莲纹。整座钟分为三层，接近两层楼高，钟楼后边还有一个小楼梯。清朝时，每月会有一名太监爬上去，开锁给钟上弦，一次上满弦可以走一个月。每天自鸣钟的钟声响过之后，神武门鸣钟和鼓，钟鼓楼也接着鸣钟和鼓，京城里的人都以此为标准，给自己的钟表上发条。

现在，这座大自鸣钟已经走过200多年的风雨岁月，却仍能正常准确地运转。这座大自鸣钟的声音穿越了历史，是早期中西方交流的一个见证。

老唱片的声音

那些曾风靡宫廷的唱片

大家好，我是单霁翔。46种不同的声音，让你听到不一样的故宫。

今天的声音，是老唱片的声音。

清朝后期，唱片曾经在宫廷风靡一时。在故宫博物院收藏的珍贵文物里，就有很多唱片。它们把许多珍贵的声音记录了下来，具有非常重要的艺术和历史价值。

19世纪末20世纪初，唱片和留声机在发明不久以后就传入中国，并且迅速传播开来。国人把留声机叫作“唱戏”，把唱片叫作“戏片”。这种新鲜事物也吸引了禁宫内的注意。光绪皇帝曾经向官员打听过来自外国的“会说话的匣子”。

很快，这种当时的“高科技”产品便出现在清宫。据《德龄公主回忆录》记载，慈禧太后寝宫里就有一架黑胶留声机。那是1904年，一个叫梁诚的官员去美国谈庚子赔款相关事宜时，正好遇到了美国的黑胶留声机厂家维克多在试验第一批柜式留声机，就送了他一台。回国后梁诚把留声机作为70大寿的礼物献给慈禧太后。这也是故宫出现留声机的最早记录。

随着皇家逐渐接受留声机，大量唱片涌进宫中。这些唱片有京剧、梆子戏、器乐，还有外国歌曲。其中最多的是百代公司录制的京剧粗纹唱片。

清　取金陵（戏画）

清　飞虎山（戏画）

慈禧太后是个戏迷，除了宫里的太监戏班演出，她还时常召社会上的名角儿、名班轮流进宫表演。谭鑫培、杨小楼、余叔岩等戏曲大家都曾为慈禧太后表演过。于是就有人想到用灌制唱片来讨好慈禧太后。巴黎百代驻北京和上海的分公司把许多名伶大家的精彩戏曲唱段，灌制成唱片，由内廷采购到宫里。

《德龄公主回忆录》中还提到，慈禧太后曾在午饭时，让德龄公主和容龄公主跳一段舞蹈，慈禧太后被逗得哈哈大笑，当时用的就是黑胶唱片伴奏。但是因为当时保存的大多是中国的戏曲，不太好搭配舞步，好不容易才找到一个华尔兹舞曲的唱片，慈禧太后还担心地问她们这样转来转去跳舞会不会头晕。

溥仪登基以后，对留声机也非常钟爱。除了听英国老师庄士敦送的西洋音乐，他还会经常让随侍们找《四郎探母》《武家坡》等戏曲名角儿的唱片来欣赏。

溥仪的弟弟溥杰在《清宫会亲见闻》中写下了在宫中听唱片的回忆：1916年前

谭鑫培四郎探母唱片外封

谭鑫培四郎探母唱片

后，祖母多次带他进宫。午饭后，大人们说着闲话，他和妹妹便跟着太监在殿中屏风后面，听太监给他们放唱片。

现在，故宫博物院藏有百代京剧唱片600多张。唱片收录了当时诸多京剧名家演唱的剧目，如谭鑫培的《捉放曹》《桑园寄子》，刘鸿声的《斩黄袍》《空城计》，杨小楼的《定军山》等。这些保存下来的唱片，让今天的我们也能够聆听到前辈大师们的优美唱腔，具有很高的文物价值。

此外，得益于宫廷唱片的盛行，许多珍贵的原创音乐资料也被很好地留存了下来，包括一些具有浓郁民族特色的唱片，即使在唱片业超级发达的欧美国家也很难找到。这些珍贵的歌曲资料，在当时的背景下，都通过灌制唱片来保存与传播。

2005年，紫禁城内最大的戏台——畅音阁举办了一个宫廷戏曲展览，观众在观看展览的同时，还能有幸聆听100多年前的京剧名角儿的原声唱腔。这些老唱片里流淌出的音乐，一下子就把观众带回到20世纪，感受非常真切。

同时，为了庆祝故宫博物院建院80周年，故宫人对阅是楼，也就是专门用来欣赏畅音阁演出的包厢进行了维修改装，成为清宫戏曲陈列的场所。工作人员从众多清宫老唱片中，遴选出曾入宫表演的名角儿代表作唱片，进行音频转录，与戏曲文物和畅音阁三层大戏台共同成为清宫戏曲的代表，试图展现当时原汁原味的戏曲表演。

为了保证唱片转录的安全，也为了保证珍贵的唱片文物不被损坏，故宫曾走访多家音像公司。通过技术比较，最终选定深圳一家公司进行试验。经过专业的超声波清洗，唱片纹路里多年的灰尘、污染物被清除干净。转录后，过去沉默的文物又能重新发出声音了，不过遗憾的是，产生了一些类似小爆点的声音。专家们认为，这与唱片保存的年头太久，还有和当时的唱片灌制技术都有关系。虽然使用现代技术可以轻易消除这些爆点声，但记录着那个时代原貌的音频效果也会消失，文物的历史信息就会打折扣，还有可能干预文物本体，所以并没有那么做。

此外，由于一些原本的唱片胶木老化，就要特别注意不能因为转录或者复制而破坏它的本体。比如一些唱片，外表看起来完好无损，但是轻轻一敲，就会听到裂痕的声音，这个时候就需要用放大镜找到损坏的部分，然后固定好，再进行物理性修复。黑胶唱片里有很多的纹路沟槽，需要经过专业清洗，清洗干净之后，才能保证唱针百分百落到沟槽上面，这样重新拾音的质量才有保障。

通过这次音频转录，故宫人也得到了很大的启发，那就是老唱片作为一种特殊的文物，要在现代更好地保存，除了要保护好它的本体，更重要的还有它的声音。没有声音，这件文物就是死的，没有生命力的。

修复历史音频是一个非常复杂的跨学科工程。如何保存历史上那些珍贵的声音，不让它们在现代社会中彻底消失，需要音乐学家、作曲家、歌唱家、声学专家和计算机技术专家等各领域专家共同参与，才能保证唱片上承载信息的准确性和完整性。希望社会各界能够共同参与到对旧唱片的修复、数字化转存技术的探索中，也让我们有机会跨越时空感受百年前最原始、最真实的声音。

石别拉报警声

故宫那么大，遇到突发事件怎么报警

大家好，我是单霁翔。46 种不同的声音，让你听到不一样的故宫。

今天的声音，是我们一般听不到的声音——故宫的报警声。

康熙十八年（1679年）腊月的一个深夜，一片漆黑之中，御膳房火光冲天。大火烧得噼里啪啦，一片浓烟滚滚。此时西风强劲，火势很快蔓延到了不远处的太和殿。防火步军（火班）、太监、侍卫纷纷集合赶来救火，在脚步声、泼水声、呼喊声中，很快响起了一段洪亮的呜呜声音。正是这种声音，把发生火灾的紧急消息迅速在宫内传播。而发出这种呜呜声音的器物，就是我们今天的主角——石别拉。别拉是满语中的词汇，意思是哨子，顾名思义，石别拉就是石头做的哨子。

紫禁城是明清皇帝居住的地方，安全级别非常高。但是紫禁城又那么大，一旦发生意外，怎么才能快速地把紧急消息传递给皇宫内外的警卫人员呢?

那就要吹响石别拉了。石别拉可不是随身携带的小哨子，而是固定在望柱上的。故宫各大门的台阶上都有栏板，栏板间就是望柱，望柱大多是汉白玉石制作的，柱头有云龙、云凤、狮子、石榴等各种造型，有的望柱头是莲花瓣形状，上面有二十四道纹路，象征二十四节气，又叫

太和门前石别拉

皇极殿的望柱

断虹桥上的望柱头

太和殿台阶上的望柱

金水河两侧的望柱

二十四气望柱头。石别拉就是由莲花瓣形的柱头改造而来的。先是把柱子顶端凿个大孔，再把柱头里面挖空，就像个空心葫芦，柱子下面再留一个石孔让气道相通。

不过，光有这个还不能报警。要想发出警报声，还需要一样东西跟它配合，那就是牛角铜喇叭。

牛角铜喇叭长约十厘米，大口能够放入石别拉顶部的开口处。宫中出现紧急情况时，受过训练的侍卫就会把牛角铜喇叭插入石别拉顶部的孔里，使劲吹响。石别拉就像个扩音器一样把喇叭声放大，发出像海螺号吹响时的声音。其他侍卫听到后，便会迅速响应，吹响距离最近的石别拉。据说，从午门开始传出警报，不超过一分钟就能传遍整个宫廷。

石别拉几乎覆盖了整个紫禁城，包括太和门广场、乾清门区域、坤宁门区域、东华门区域、西华门区域等。现在去故宫参观的观众，看见莲花瓣的望柱头，可以仔细观察一下，如果在顶头上有孔，里面是空心的，那这个就是石别拉报警器了。

石别拉可以说是守护皇宫的大功臣。嘉庆十八年（1813年）九月十五日，石别拉又被吹响了。这次是因为天理教教徒攻入了紫禁城。

天理教是清朝流行于民间的宗教团体。当时嘉庆皇帝正在热河，带走了大量兵力。所以京城兵力空虚，防卫松懈，天理教教徒就在这时发动了对紫禁城的攻势。天理教首领事先买通了太监做内应，在太监的指引下兵分两路，分别从东华

清　嘉庆帝朝服像

隆宗门上的箭镞

门、西华门潜入紫禁城。在经过协和门附近时，负责这个区域的士兵察觉到了不对劲，赶快吹响石别拉。

负责警报的侍卫听见后，赶快继续吹石别拉，警报声传开去，很快禁军和火器营的士兵都闻讯赶来，与天理教教徒厮杀起来。混战一直进行到傍晚时分，最后因力量悬殊，以冲进紫禁城的天理教教徒失败而告终。这就是清朝有名的“禁门之变”。正是在这次战斗中，天理教教徒在隆宗门牌匾上射入一枚箭头，现在仍留在原处。

除了石别拉报警器，紫禁城还有一些其他安保手段，比如白塔信炮、腰牌、合符等。

白塔信炮设在紫禁城西北侧的白塔山

上，一共有五个。先后由八旗都统和步军统领管理。宫中发生险情时，会差遣人将平时存放于大内的“金牌谕”送过来，上面写着“奉旨放炮”。白塔值班人员验明后，向天空开炮，以说明情况危急。

另外，京城内九门城楼上也各有信炮五个，一处放炮，九门都会放炮响应。听见炮响，不管是宫里的，还是京城内的，值班大臣、文武官兵都马上奔赴指定地点集合，只等命令一下就赶去出事地点救险。外七门也会立刻加紧巡逻。嘉庆朝的步军统领，还专门写了一本《白塔信炮章程》，介绍清朝北京城的警报设备，由武英殿刊刻，还是汉、满双语版的。

腰牌在紫禁城是从康熙朝开始使用的。我们常在清宫电视剧里看到关于偷腰牌混进皇宫的剧情，因为腰牌就是进出紫禁城的出入证。康熙朝的文武官、内官都会悬带牙牌、铁牌；厨子、校尉等人带铜牌、木牌。此外，腰牌也颁发给那些需要在紫禁城内施工的匠役、监工等。按规定腰牌一人一牌，不能转借，由总管内务府发放，每三年更换一次。腰牌上写有持有

腰牌

者的姓名、年龄、籍贯、面貌特征等，用以检验核对。值得一提的是，在清朝末期，已经有纸质版的附有持有者照片的“腰牌”出现，叫作入门执照。

再来说合符。为了保障安全，如果有临时派遣或者紧急军务，一定要在夜间出入紫禁城，必须要合符。合符材质有金、铜镀金、铜、木等，分阴合符和阳合符两种。阴合符拿在出门人手里，阳合符由守门人持有，出门时要进行查验，验明后才能开门放行。

说了那么多清代的紫禁城安保措施，那么现在故宫的安保是怎样的呢？

今天，故宫的安保系统与正在实施的“平安故宫”工程有着密切的联系。在明

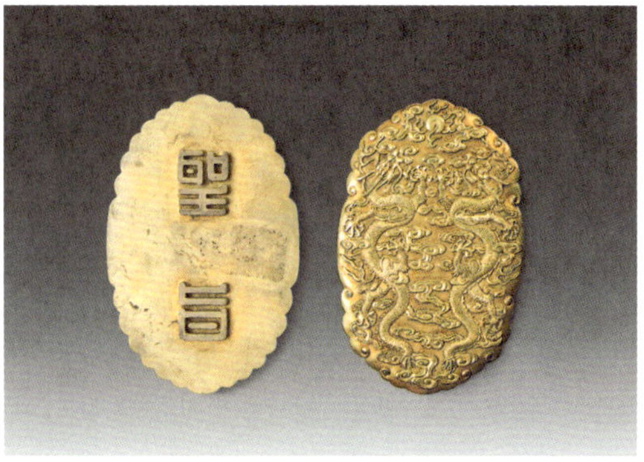

合符

西华门木合符

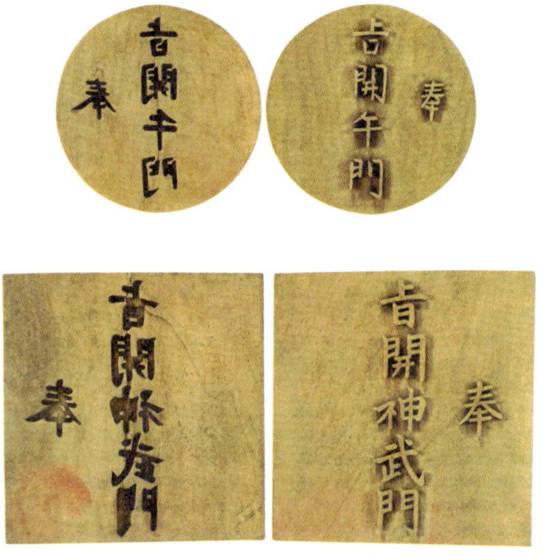

午门、神武门木合符

清时期，紫禁城是举行大典、皇室起居以及皇帝办公的场所，加上紫禁城是木结构建筑群，安保的主要任务是保护皇家安全与防火。而现在，作为博物馆，故宫博物院还面临着许多新挑战，例如文物防盗、游客的安全、对文物的维护与修缮等。“平安故宫”工程针对的不仅是旧有的隐患，还有在当代故宫成为博物馆后须面对的新安全挑战。

全新的“平安故宫”工程应对故宫安全防范建设了新的系统。新系统更加具有科技感，整个系统与云计算、大数据分析、物联网等技术结合，可以提供全方位可靠的保护系统。通过大数据和云计算，系统能够更加侧重灾情预测而非事后补救，可以把伤害文物与游客的可能性降到最低。通过这一工程的实施，我们希望能让故宫焕发青春，把它完整地交给下一个600年。

辑三

金属焊接声

修复时光碎片的文物医生

大家好，我是单霁翔。46种不同的声音，让你听到不一样的故宫。

今天的声音，是在故宫修文物时常常听到的金属焊接声。

很多观众在博物馆参观的时候，往往会被文物的精美所震撼，但可能很少会意识到，许多文物在被考古人员发现时，已经是支离破碎的。就连许多收藏在紫禁城里的宝贝，也避免不了因为年代久远而变得破旧。

事实上，故宫博物院拥有以古字画装裱修复技艺、古书画临摹复制技艺、青铜器修复技艺、古代钟表修复技艺、官式古建筑营造技艺、宫廷传统囊匣制作技艺六项国家级非物质文化遗产为代表的10多个门类的保护修复专业队伍，修复的文物已达11万余件（套），其中包括《清明上河图》《兰亭序》《五牛图》等国宝级文物。

比如故宫博物院所藏的一件青铜提梁卣，是蜥蜴纹饰的，非常少见，全国可能只有不多的几件。其他同类青铜器上很多都是饕餮纹。这件文物只有大概30厘米高，但刚从湖南收过来的时候，破损非常厉害，碎片都跟蚕豆那么大。故宫文物医院的青铜器修复师王有亮先生，花了将近一年时间才修复好它。他先拼四五个小块，然后连接成一组大块，拼了有六七组大

故宫古字画装裱修复技艺被评为“国家级非物质文化遗产”

故宫官式古建筑营造技艺被评为“国家级非物质文化遗产”

块。拼的过程需要非常耐心，对于特征不明显的残片，得给它们“找邻居”，看碴口、弧度、薄厚、锈色，对上一个就做上记号。拼好之后，整体再焊接上。

青铜器修复的焊接工作在以前是个繁重的体力活，需要工作人员亲自烧煤，用火钳子一点点地加热、熔化金属。不过现在好多了，可以使用进口的焊接设备，效率提高了很多。现在，故宫博物院配备了世界上最先进的文物“诊疗”设备，比如文物专用CT机、显微观察设备、材料分析设备、无损探伤设备等近百台设施设备，是一座诊疗一体、科室完备的文物医院。

举个例子说，在古字画装裱修复方面，尽管故宫博物院一直是业内最高水平，但也会遇到难题，今天在文物医院有着更科学、更先进的修复保护手段。比如乾隆花园里的符望阁，里面有一面墙上曾经有一幅大型绘画。70多年前解放战争时，这幅画堆落了下来。当时的技术无法处理，就把这幅画包了起来。到70多年后的今天要维修保护时，打开一看，这幅画已经碎成上千片了。但是在计算机系统的辅助下，文物修复专家用三个月时间就把它拼对了起来，又用了一年多时间完成了修复保护。人们发现这是清代著名学者董诰画的一幅非常漂亮的画。在文物医院，这幅作品实现了起死回生。

故宫文物医院也就是故宫的文保科技部，坐落于故宫西侧院墙内侧，是目前国

故宫文物医院揭牌

“故宫博物院文物保护修复技艺特展”场景

故宫文物医院外景

内最大的文物保护修复机构。从外观上看，它是一排类似明清朝房的平房，不过里面则是一座现代化的“医院”，有宽敞整洁的白色通道，有穿着白大褂的“医生”，还有分科的各个“诊室”。

如今的故宫文物医院，有文物保护修复人员近200名，实现了多学科融合。目前，一些世界级的博物馆拥有三四十名文物修复保护人员就已经很了不起了，故宫文物医院为什么要汇集这么多文物医生呢?

实际上，故宫的文物医生多半都是拥有自然科学研究背景的专业人士。传统文物修复是由修复人员凭经验来修。如今，整个过程是规范化、流程化的，文物修复都要送到文物医院，像病人去医院看病一样，先挂号，然后进行分析、检测、探伤，彻查文物病历和健康状况，再得出诊断报告，确定修复方案，最后才能送入相应科室交到修复师手里。

比如故宫收藏的一件木器“罗汉寿字插屏”，由于年久失修，原来表面的保护蜡已经挥发，木质干涩，还有很多处出现

故宫文物医院工作人员合影

开裂，黏合剂的胶性也失效了，上面的雕刻部分松动、脱落，还有部分部件遗失。送到文物医院后，修复组给这件插屏做了全身X射线照相，发现其内部竟然有横向十根、纵向两根的铁制支撑物。这是个很大的惊喜。因为如果插屏全是木料结构，修复时就容易造成木质损毁，很难下手。但有了铁制支撑物再进行内部加固，修复时就能更加得心应手。

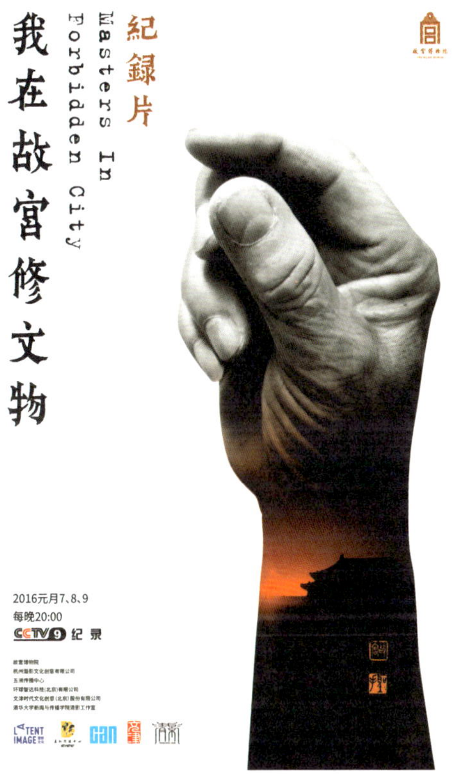

《我在故宫修文物》海报

很多文物都像这样在故宫文物医院的专家和技术人员的救治下重新焕发生机。其实近年来，记录文物修复工作的《我在故宫修文物》，反映养心殿研究性保护项目进展的《故宫新事》，都让观众了解到了故宫专家在保护文化遗产方面做的努力。

现在，每年应聘故宫博物院的应届毕

《我在故宫修文物》影像

业生数以万计，最多的一年有30000多人。但是我很想提醒大家：你们真的理解这项工作吗？你们不会是因为看了《我在故宫修文物》，觉得这项工作很浪漫才来的吧？你们要知道，这只是一个默默无闻、要耐得住寂寞的工作。

我始终认为，最吸引观众关注的，其实不仅是文物修复师们精湛的技艺，更多的还是凝结在器物身上的一代又一代专家的匠心，也就是故宫博物院所蕴藏的工匠精神。

我刚到故宫博物院工作时，在文保科技部看到一位专家在修复一件漆器。几个月过去了，再来到这个文物修复室，那位专家还在修复这件漆器。于是，我请教他要修复多长时间，专家的回答让我印象非常深刻。他说，在北京只有伏天、潮湿的季节，一天才能刷两道漆，平常的日子一

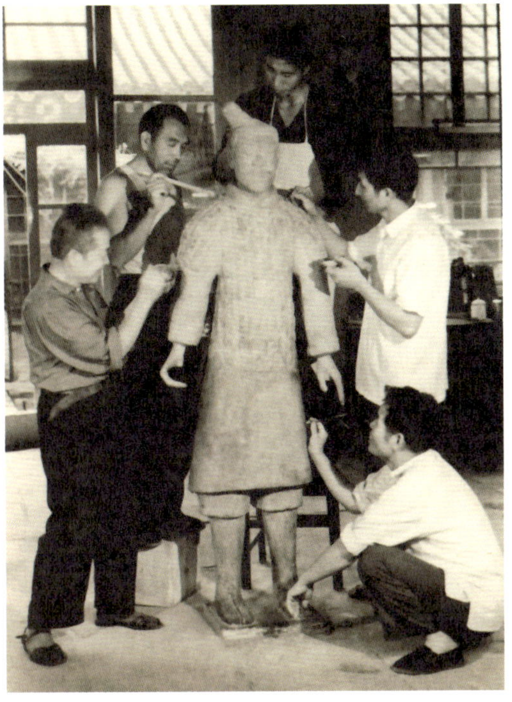

1976 年　赵振茂先生修复兵马俑

天只能刷一道漆。而要修复这件器物一定要刷满100多道漆，一道都不能少。所以修复需要好几个月时间。

前面说的青铜修复师王有亮先生，刚入门的时候，是从磨青铜器开始的。磨到什么份儿上算行？他的师傅、故宫著名修复专家赵振茂先生当时给他的标准是：表面跟剥了皮的熟鸡蛋一样才行，古代器物制作的时候就是这个规矩。王有亮先生一

修复专家在工作

磨就是三年，浑身的躁气都化了，能沉下心来了，才算是正式入了门。

还有古书画装裱专家单嘉玖教授，一生修复了很多国宝级的文物，现在已经到了退休的年龄，还是在岗位上默默无闻地进行文物的修复。被誉为“男神”的王津先生，18世纪的西洋钟表的表针在他手里恢复转动，300多台构造复杂的钟表被他修好。

这些故宫的文物修复师们，让人们看到，有这样一群人用孜孜不倦、一丝不苟的态度，穷尽一生做一件有意义的事。

我感觉这是我们赞美的工匠精神。因为工匠精神，故宫才能永远古老而又生机勃勃，才是大家心目中那个永远的故宫。

水法钟声

故宫钟表『男神』王津的故事

大家好，我是单霁翔。46种不同的声音，让你听到不一样的故宫。

今天的声音，是我们故宫钟表馆里的一种声音——水法钟声。

2016年，纪录片《我在故宫修文物》在中央电视台播出，让大家了解了一批故宫里的手艺人。故宫钟表修复师王津也因此被大家熟知。大家都称他为“男神”，我也觉得这称呼没有问题。他确实挺神的。你瞧那些古代钟表，到他手里一修，那表针还能走得准，那鸟还能叫，那水还能流，那小人儿还能出来，到点还敲钟，还有背景音乐。这么复杂的机械，他都能一点点地修好，的确是很神。

《我在故宫修文物》这部片子得奖的第二天，王津在食堂碰到我特别高兴。他说他要去趟美国。我问他去美国干什么，他说他获得了国际电影节的白金奖。我问他演什么了，他说他什么都没演，就在那里修钟表，人家在那里拍摄，就通知去领奖。多少电影演员、电影导演梦寐以求的大奖，我们王津老师什么都没演，就到休斯敦把奖杯捧了回来。这件事让我也感到很高兴，说明现在越来越多的年轻人关注文物，关注文化。

我们继续聊王津。王津的故事，我们得从他小时候讲起，他与故宫博物院的渊源可是很深的。他的爷爷就曾在故宫博物院图书馆工作。在很小的时候，他就肩负起了给爷爷送饭的任务，但是他每次都只能送到神武门，再往里，就不允许进去了。他爷爷也从不徇私带他进去玩。可以想象，一个小孩子，对这个进不去的地方会是多么好奇！后来也算是接班，王津进入故宫修复厂工作，修复厂就是现在的文保科技部。在众多的修复工作中，他选择了钟表修复。

大家可能不了解，钟表是故宫博物院中非常特殊的藏品，堪称世界博物馆同类收藏中的翘楚。清朝皇帝酷爱钟表收藏，顺治皇帝、康熙皇帝、乾隆皇帝三位皇帝喜爱钟表的程度，一代胜过一代。特别是西方工业革命以后，传教士到中国来，他们根据皇帝的喜好，把当时最新奇的钟表送到宫里，形成了一类独特的收藏。当时，欧洲的钟表工匠们，为了大清皇帝的喜好，千方百计地在钟表上动脑筋：用车马人物、花鸟虫鱼做装饰，日月星辰通过发条演示斗转星移。清宫的1000多件钟表藏品，制作年代从18世纪到20世纪初，既有英、法、瑞士等国外名家制作，也有国内广州等地生产的精品，以及由皇帝亲自设计、做钟处完成的“御制钟”，无不制作精美、功能复杂，代表了当时钟表制造的最高水准。到乾隆时期，清宫钟表的制作形成一条从西洋传教士、中国工匠到做钟太监，非常稳定的基础梯队。这些能工巧匠在做钟处共同工作，技术上不断融合，形成了故宫现有的古代钟表修复技术。

1924年，末代皇帝溥仪被赶出皇宫，钟表匠人却始终留在紫禁城内。钟表的修复技艺，是唯一在故宫里一直绵延下来没有断层的非物质文化遗产。王津正是国家级非物质文化遗产古代钟表修复技艺的第三代传承人。他的师父马玉良是第二代传承人。所以大家眼里的“男神”的确是一位不可多得的人才。

我们最开始听到的钟声，就是来自一件有着很多残损，经“男神”王津修复的文物——铜镀金乡村音乐水法钟。

这件铜镀金乡村音乐水法钟是外国给乾隆皇帝的一份国礼，如今已经几百年了。它真实的模样十分震撼，可经过了太

王津先生在工作

长时间，机芯严重老化，部件也缺损了很多，于是在库房里尘封了几十年之久。

故宫收藏的铜镀金乡村音乐水法钟共有两个，王津负责修复其中一个。王津并不是第一个修复这座钟表的人，却是第一个修好它的人！王津曾经说过，他打开之后，发现这个钟里面的机芯全是乱的。这证明这座钟表原来被修过，但是没有修好，当时修复这座钟的人把拆卸下来的零件散乱地扔在钟箱里面，没有回位。当时为什么停止了修复？王津发现原来其中一个大的塔盘轮坏了。

接下了这个大活，王津就把所有的精力都投入了进去。与其他文物修缮不同，钟表修复这门手艺最为独特的地方在于表得能动、能转，这才叫修好了。过程中，最磨人也是最麻烦的就是碰上软毛病——所有工序都完成了，但钟表装配上就是不走。这就得拆了重新检查，有时候一个小毛病能琢磨上好几天。

故宫博物院的库房里待修钟表大多年久失修、破损严重，而且多为孤品。修复它们，完全不像观赏时的心情那样轻松愉悦。没有资料，没有零件，全靠修复师自己琢磨。就这样反反复复，重新检查，有时候煤油烧得手脱皮，有时候拆螺丝就要一个多月。所以，钟表修复真的没有那么简单。从定制方案、拆卸、除锈、锉削、钻孔、补齿、焊接、装配到调试……每座钟表的问题都不同，但每座都要经过全套的步骤，才能重新运行。

在徒弟的配合协作下，王津整整用了八个月时间才把这座钟表修复完成。当修好后，拧上发条，小鸡们都在卖力挥动翅膀，美丽的天鹅扭动身姿，树荫下大门自如开合，河水细细流淌，船只缓缓前行，纺织女在劳作，真是一片和谐景象。

40多年来，王津没有换过工作，工作室也没有搬过家。在追求短期经济效益、机器大工业生产的今天，我们很少能看到这种执着与坚持。以王津的实力，如果跳槽到高级钟表店，收入可以翻倍。但他没有，他对现在的一切很满足，觉得主要还是喜欢，有兴趣。

故宫钟表馆内景

故宫博物院里像王津这样的师傅，其实还有很多很多，他们就是大家所说的"故宫文物修复师"。他们是故宫文物背后的守护者，一件件珍贵文物在他们的手中恢复原貌，重新展现在世人面前。走进故宫文物医院的各个修复室，走进修复师们的生活，大家会发现他们真的是平凡又伟大，择一事，终一生。这其实就是我们所说的大国工匠精神。

志愿者的讲解声

故宫的亮丽风景线

大家好，我是单霁翔。46种不同的声音，让你听到不一样的故宫。

今天的声音，是故宫志愿者的讲解声。

大家在参观故宫时，如果稍微留心就会发现，每一处展厅，比如珍宝馆、钟表馆、书画馆等，都有一群佩戴证件的人，在耐心地给观众做着讲解。他们大都脚下穿着一双平底鞋，身上外搭一件醒目的黄马甲，这些人就是我们故宫博物院的志愿者。刚才的声音正是他们在做讲解的声音。

故宫博物院公开招募第一批志愿者是在2004年12月初，当时共收到了报名简历1500多份，最终大约300人通过培训考核，成为故宫博物院的首批志愿者。

故宫志愿者主要做的事情是对故宫常设专馆展览进行讲解，他们还会参与故宫博物院的外事接待和新员工专馆讲解培训、故宫博物院组织的各项文化遗产宣传和保护活动，以及观众问卷调查、公众教育项目的研发与实施等工作。

所以，故宫志愿者都是“多面手”和“实力派”。他们来自各行各业，首批志愿者中的马亮老师在北京铁路局京藏车队工作，讲解《千里江山图》的王建南老师是大学教授，表演诗朗诵的王世玲老师是电台专业播音员，在陶瓷展厅做讲解的朱宏老师退休前是化学老师……在故宫里，每一位志愿讲解员都有自己的特色，有的擅长鉴赏工艺，有的熟知文物背后的掌故。陶瓷馆展厅里摆着的展品，朱宏老师样样叫得出名字，说得出来历。在讲瓷器的时候，他能说出不同瓷土的化学成分，讲出不同釉彩的颜色是由铁还是铜的化合物呈现的。

可能很多观众不理解，如今在故宫能用很便宜的价格租用自动讲解器，手机上也能查到很多带人游览故宫的小程序，展厅里怎么还有这么多志愿者在做人工讲解呢？实际上，在志愿者的讲解过程中，不但能随时回答观众提出的问题，同时还会针对不同人群，抛出一些引发对方思考的问题，然后再共同探讨，在互动中加深他们对故宫的认识。一场讲解结束，观众的疑惑也都得到了解答。

故宫陶瓷馆、钟表馆志愿者讲解员张甡，有留美的背景，他的讲解另有一套绝活，就是以相声贯口的形式呈现“瓷母”清乾隆各种釉彩大瓶从上到下的15层、17种釉彩。那些拗口的陶瓷烧造技艺和名称，张甡不仅能全部记下，还能在两分钟左右的时间内按顺序准确表达。他曾经自信地说：“我现在可以保证，自己可以解答几乎所有观众向我提出的问题。”观众们的感受就是：“讲解员一张嘴，感觉能说出上下五千年。”

有时候，故宫志愿者面对观众对文物的忽视还会选择“主动出击”。90后志愿者孙楚格在宁寿宫的石鼓馆做讲解。石鼓上刻有中国最古老的石刻文字——石鼓文，记述了秦国统一六国前一段鲜为人知的历史，可谓一字抵万金，具有无法估量的价值。但是很多观众并不了解这些，所以常常走进来转一圈或者拍张照片就出去了，还有人笑称：“这不就是几块石头吗？”每当听到这样的声音，或是见到观众在石鼓面前匆匆走过，孙楚格都会礼貌地叫住观众，在征得对方同意后，详细为他们讲述。很多听完讲解的人都感叹：“如果不是你的讲解，我真错过了这么了不起的珍贵文物！”

2018年，我们的志愿者服务领域有了新的拓展。当时，故宫文物医院经过三年的

故宫志愿者

筹建，一年多的试运行，各项准备工作基本就绪，也接待了很多文物博物馆界专业人士和重要外宾。我们就在想，怎样可以让人们进入故宫文物医院，近距离欣赏文物修复，获得高质量的参观体验，同时又不会影响文物医生的日常业务工作呢？经过研究，我们决定控制故宫文物医院的开放时间和参观人数，同时面向社会公开招募志愿者。

文物医院里的文物医生大都是科学技术人员，他们用的各种仪器也属于自然科学领域，而修复文物的过程是人文领域的。修复的藏品不断在变化，仪器设备不断地增加，修复过程中，怎么向观众介绍，如何最大限度地保持藏品历史的、科学的、艺术的信息，如何在不改变原状的情况下消除病害，如何使传统的工艺技术得到传播等，这些是非常复杂的工作，对故宫志愿者来说是很大的挑战。

当时，在文物医院招募的志愿者中，有一个攻读水利工程的博士后女生，叫张雪靓。关于文物科技实验室的讲解，哪怕是冷冰冰的仪器，她也能讲解得活色生香。比如，色谱—质谱分析实验室，是对文物中混合的有机质材料进行分离和识别的实验室。她在介绍时就会举例子说：“比如宫保鸡丁这道菜，我们想知道它是怎么做的，于是就取一点汤，然后通过对汤汁的分析，反推都放了什么调料，比如酱油、醋、盐，这样才能实现原来的配方、原来的味道。”这种生动比拟的背后，是志愿者们的用心。

故宫博物院对志愿者的基本工作要求是每周为公众服务一次，每次服务不少于两小时。首批志愿者中的高斌侠老师退休前在首钢总公司工作。2008年8月，为了保证首钢特种设备在奥运会举办期间的安全运行，按照北京市的要求，高斌侠老师带队到首钢内部的重点单位进行反复检查，这样一来，去故宫的服务时间相对减少了。为此，他多次利用值夜班后本应休息的时间到故宫继续进行志愿服务。此外，他在十余年间还自费购买了上万元与故宫文化相关的图书，特别是钟表方面的书

2018 年度故宫志愿者总结表彰会

籍，只要需要，从不问价格。

2017年度故宫志愿服务“定岗全勤奖”获得者王强辉老师是一位工作繁忙的外企高管，他克服了很多困难，每周六上午都坚持到故宫完成两个小时的讲解服务。

大家在百忙之中抽出时间来参与志愿服务，愿意无私奉献，表明他们对故宫文化遗产充满热爱，对公众服务充满热诚。

故宫的志愿者都是非常可爱、敬业和称职的。他们成为沟通故宫博物院与观众的一个枢纽、一座桥梁，也成了故宫博物院的一张名片、一面镜子。每一位志愿者的点滴奉献汇聚到一起，守护着故宫的文化宝藏，也将故宫所承载的优秀传统文化介绍给全国、全世界的观众。

观众脚步声

『故宫跑』与现象级的『石渠宝笈特展』

大家好，我是单霁翔。46 种不同的声音，让你听到不一样的故宫。

今天的声音，是我们在故宫参观时可能会忽略的声音——脚步声和环境声。

很多人在参观故宫的时候可能都有过排长队看展的体验。在故宫还有个专有名词叫“故宫跑”，是说去故宫博物院看展览，要像运动会赛跑一样冲刺。这其实是个有趣的小插曲，起源于故宫博物院一次现象级的展览——“石渠宝笈特展”。

《石渠宝笈》是清朝乾隆、嘉庆年间宫廷编纂的大型著录文献，著录了清廷内府所藏历代书画藏品。“石渠宝笈特展”于2015年举办，是为了故宫博物院建院90周年院庆特别筹备的。这次特展展出的文物藏品，是《石渠宝笈》辑成200多年后难得的一次亮相，其中包括珍贵的书画作品《伯远帖》《游春图》以及《清明上河图》，所以格外引人瞩目。

“石渠宝笈特展”还有个特点，就是它引导了一条不同以往的参观路线。以往人们从午门进入故宫博物院，80%的人都会目不斜视地沿着中轴线往前走，方向感极强：先去看皇帝在什么地方上早朝，在什么地方大婚，继续往前走去看皇帝睡在哪儿，再穿过御花园就走出了故宫博物院。可能很多观众，都只看过这么一条路线。

“石渠宝笈特展”参观者

其实，在故宫中轴线两侧还有很多精彩的展览，不少观众都错过了。

但是“石渠宝笈特展”改变了这种情况。因为这个展览的主展场在外朝西路的武英殿，所以很多人从午门进入故宫博物院后，不再直着往前面走，而是往西边跑。

我印象特别深，在展览开始的第二天，观众进入午门就纷纷向西面跑。因为大家听说第一天要排队，第二天就跑起来了。我那时在办公室。他们说：“院长，观众跑起来了。”我说那别有人摔伤了，就赶快过去看。到现场一看，观众们都争先恐后地往西边跑，人越跑越多、越跑越快，都是跑向西边的武英殿。这就是网上戏称的“故宫跑”。

我刚到武英殿门口，一位老先生就认出了我。他说自己已经70岁了，起了一个大早，买票时排在最前面，结果开门后人们都跑了起来。他虽然穿了一双球鞋，还是跑不过年轻人，就没能第一批进馆参观。他批评我："你们故宫博物院举办展览怎么跟开运动会一样，还让我们赛跑呀？"

老先生这句话启发了我。当天下午，院里紧急开会研究怎么办好"运动会"。工作人员们连夜赶制了20个牌子和1000个胸牌。第二天早上不到7点，就把牌子立在端门广场上。观众们来了以后，按照先后顺序排起队来。8点钟不到，"石渠宝笈特展"运动会的开幕式就成功举办了。开幕式之后是入场式，我们提前半个小时开馆，然后第一组、第二组、第三组依次入场。观众们跟着牌子走向展厅，此次展览期间就再也没有发生过"故宫跑"。据说，全世界的博物馆举办展览，有入场式的只有故宫博物院。

虽然采取这样的办法防止了"故宫跑"，但是前来观看展览的人确实很多。过去在展厅前，有几十人排队就很多了，而此次每天都是几千人排队，一直排到了太和门广场，队伍长达几百米，人均排队六小时。但是很多观众都坚持要看展览，特别是想看一眼《清明上河图》。上午排队的观众情绪还比较稳定，但是下午4点以后排队的观众就很纠结。我一露面，观众就围了上来，希望晚一点闭馆。观众们的参观热情确实感动了我。我就不顾后果地承诺，等最后一位观众看完了，我们再闭馆。

这句话说了就要落实。为此，故宫的工作人员把闭馆时间一推再推。晚上8点我去看观众时，还有2000多人在排队。我问他们累不累啊，观众们纷纷表示："累也要坚持！就是故宫晚上没有卖水的，口渴了怎么办？"我们当时就决定把食堂的炊事员们请来，重新烧水，沏了2500杯茶，请观众们饮用。到了夜里12点，我再去现场看望排队的观众，问他们："怎么样？喝茶了吧？"他们回答说："茶倒是喝了，但是现在又饿了。"我们赶快打开商店库房，拿出仅有的800多盒方便面，给每位观众沏上一碗。据说全世界的博物馆举办展览免费发方便面的，也只有故宫博物院。等到最后一批观众们看完展览，已经是凌晨4点了。最后一名观众离开故宫博物院的时候，天都已经蒙蒙亮了。

观众参观的这种热情程度，大大地超

出了我们的预期。有一点令我感到特别欣慰，排队参观的观众大多是来自世界各地的学生们，说明中华传统文化受到年轻人的喜爱。他们排那么长时间的队，还有耐心坚持，说明对好的博物馆展览非常期待。我们也想了很多办法，让观众排队等待时不那么枯燥，例如请策展专家、志愿者给观众他们讲解，制作展览介绍二维码，观众们扫码后，通过手机链接就可以查看展厅里面每件展品的信息。

面对社会公众不断增长的文化需求，故宫博物院加快扩大开放的步伐。2014年故宫开放面积突破了50%，达到52%。2015年达到65%，2016年达到76%，每年十个百分点地扩大开放。到2019年，故宫博物院的开放面积达到了80%。过去竖着“非开放区，观众止步”牌子的地方，如今变成了展厅、展馆、展区。同时，开始逐年增加展览的数量。近年来，故宫每年举办超过50项的临时展览。

2017年的“千里江山——历代青绿山水画特展”，因为受到许多观众喜爱，又出现了与“石渠宝笈特展”类似的“故宫跑”。此次，故宫博物院充分做好了应对的准备。第一批观众进入展厅后，其他观众可以领取一个特定时间的号，然后就不必在现场等待，可以先参观其他展览和场所，待到了参观时间再走进“千里江山”的展厅参观。这样不但节约了观众们的参观时间，而且使良好的参观秩序得到保障，受到观众们的欢迎。

“千里江山——历代青绿山水画特展”的参观者

武警上操的声音

揭秘紫禁城里的神秘部队

大家好，我是单霁翔。46种不同的声音，让你听到不一样的故宫。

今天的声音，是守卫故宫的武警上操的声音。

清晨6点多的时候，早起在故宫附近散步的人们，会看到有一支武警部队正在出早操。这是武警北京总队执勤一支队故宫中队的官兵们。他们驻扎在西华门内，没有专门的操场和跑道，只能围绕故宫跑圈。这成了他们雷打不动的早操课目。这样跑一圈有3000米，大约15分钟。

有人称这支武警部队是“现代御林军”。实际上，古代御林军保卫的只是皇家安全，咱们武警战士的任务是不一样的。他们要守护的是近万间宫殿和它们承载的中华文明。

那么故宫的武警战士主要都做些什么呢？

每天第一批走入故宫的人不是观众，而是这些执勤官兵。大家都知道故宫的面积很大，总面积72万平方米，旺季每天观众达8万人，淡季也能达到6万人，这就对执勤工作提出了很高的要求。白天，官兵们在故宫内的任务是固定哨位执勤和巡逻勤务。比如在太和殿前巡逻勤务的哨兵们，每隔半小时，就要在这些有600多年历史的地砖上走一圈。

参加故宫博物院第六届消防运动会

战士们日常的哨位执勤一班是两个小时，并不轻松。夏天，大理石吸热很快，故宫地表温度经常能突破温度计极值，加上又是旅游旺季，观众增多，更是又热又嘈杂。而到了冬天，神武门的穿堂风呼啸而过，寒冷刺骨。遇上刮风下雪，他们也必须顶着风雪去哨位执勤。

每天执勤结束，官兵们还要进行体能训练。一般在下午清场后，故宫里的空地就成了他们的训练场所。

到了夜间，宫内的哨位会调整到神武门外。两小时一班岗，官兵们常常把一觉分成几段睡。

逢年过节还有遇上大展的时候，都是官兵们最忙的时候。2017年，故宫博物院举办“千里江山——历代青绿山水画特展”年度大展，北宋画家王希孟的《千里江山图》首次全卷展开。观众们为了一睹名画真容，常常需要排三个小时的队，但是等到能近距离欣赏的时候，每个人只有五分钟时间。负责维持秩序的执勤官兵每天要重复好几百遍“同志您好，这里不能长时间滞留”的提示语。

2019年春节期间，故宫博物院接连举办了“贺岁迎祥——紫禁城里过大年”展览和“紫禁城上元之夜”活动，年度接待观众量首次突破1700万人次，官兵们忙得连轴转。中队临时加勤，出动多组巡逻哨全天执勤，还要组织人员在城墙上巡逻，以防附近居民放烟花引发火灾。特别是除夕夜，举国欢庆看春晚的时候，中队官兵们还在城墙上顶着冷风来回巡逻。紫禁城的城墙南北长961米，东西长753米，高10米、

乾清宫门口武警站岗

太和门广场游人如织

武警官兵在院内拉练

武警战士在午门巡逻

顶宽6米，一圈走下来得两小时左右。

所以啊，别看中队的官兵们就住在北京城的中心，但其实几乎没有逛过北京，整个中队集体行动的活动范围最远只到过西单，不少中队官兵可以用“足不出户”来形容。因为他们的任务繁重，实在是没有时间出去逛。有些战士甚至去过最远的地方是天安门广场，连附近的毛主席纪念堂都没有去过，还有很多战士六七年都没有回家过年。我看到有一篇报道咱们故宫中队的新闻里，讲到一位叫贺磊刚的战士，入伍以来唯一一次与家人春节团聚是在2018年。那年，他的母亲千里迢迢来到故宫想见见他，正好赶上贺磊刚上哨，只能远远地站在角落望着他。为了防止出现秩序混乱，贺磊刚甚至没有多看母亲几眼，注意力全部在观众身上。两个小时的执勤站岗时间，贺磊刚的母亲就在旁边陪了他两个小时，交班后母子俩才见面交谈。

除了日常勤务和训练，执勤战士们还会面临一项任务，就是问路。观众们最常问的问题有“洗手间在哪里”“出口在哪里”，有时候武警们执一班勤，同一个问题要回答几十甚至上百遍。观众们对于执勤战士们也回馈以关心和善意。看到战士们站在太阳底下，观众主动上前打伞、送矿泉水。当然，这些执勤战士是不能收的，都是说着谢谢婉拒了。

故宫里有来自世界各地的观众，所以问路的人当中还经常会有外籍观众。为了能够流畅交流，展现中国军人的良好形象，有的战士把《新概念英语》当成休闲读物，每天收操之后，一有时间就背英语单词。中队也专门请了英语老师教战士英语，还有了自编英文版“礼貌用语100句”“问路答疑100句”。现在，官兵们都掌握基本的日常用语，能用英语给观众指路。

中队官兵们还会学习故宫的历史。为了让新来的战士更了解故宫的地形，便于执勤，中队每年会组织新兵参观故宫，开展“我为故宫当讲解员”的活动，组织观看各类展览。中队里诞生了很多故宫讲解员，他们走过紫禁城的每一座宫殿，都能说出它们的故事。比如有位战士叫张辰，是中队里的第一代故宫讲解员。最初他在执勤的时候，总能遇见各种旅行团的导游一边讲解，一边在他面前走过，耳朵里就会听进去一些只言片语的故事。由此，他对故宫的历史产生了兴趣，还把中队图书馆里的书翻了个遍。

像张辰一样的战士还有很多，他们都能把讲解词背得滚瓜烂熟，还把《故宫100问》里的故事编成问答题解闷。官兵们熟悉这里的每一座宫殿、每一个院落。日常聊天也跟故宫有关，比如说太和殿前哨位旁边的镀金缸、乾清门前面与哨位并肩而立的青铜狮子、每天出操跑过的金水河等。这些触手可及的文物都是中队官兵聊天时谈论的主角。

这些年，故宫参观秩序的维护、观众们安全的保障、珍宝的保护都有赖于武警中队的官兵们。讲讲他们的生活，也是希望让更多人了解到故宫每一天从开门到清场，平安顺利的背后包含武警官兵们的辛苦付出。

消防演练声

故宫里的防火战

大家好，我是单霁翔。46 种不同的声音，让你听到不一样的故宫。

今天的声音，是故宫里消防队演练的声音。

对紫禁城来说，从古到今最重要的事情就是消防。紫禁城的建筑宏伟壮观，且都是木质结构。9000多间房屋，全部都是砖木结构，很容易着火。紫禁城又是明清皇家重地，一旦失火，后果非常严重。所以，紫禁城在设计建造时，就考虑了防火问题。

比如内金水河的修建在很大程度上就是出于防火的考虑。内金水河从紫禁城西北角流入，东南角流出，全长2000多米。中途经过了武英殿、太和门前、文渊阁前、东三座门、銮仪卫西。这样曲曲折折，便于在发生火灾时就近取水。

紫禁城里还有大缸308口。这些大缸又叫太平缸，摆在宫内各处，每口缸可以储水3000多升，是失火时最近的水源。

防火墙也是紫禁城里有代表性的防火设计。几乎每幢庑殿的后山墙都有实心的防火墙。墙面上不开窗、不辟门，不露出梁、柱等木质结构。凡靠近做饭的地方，都改用石雕或者琉璃砖的屋檐，以免火星在房檐飞闪而引发火灾。

但是，无论如何设计，紫禁城还是免

金水河从武英殿前流过

宫苑内的水可以排向金水河

太和门广场上的金水河

太和门前，金水河河道形似弯弓，又似玉带环抱

鎏金铜缸

不了因为各种原因发生火灾，比如雷击、人为等因素。据相关资料记载，故宫历代火灾不少于80起，其损失之大，让皇帝都感到痛心和害怕。

比如，明朝永乐皇帝朱棣计划迁都北京，集全国之力耗时十余年修建紫禁城，也就是现在的故宫。就在紫禁城刚刚开始使用的时候，一场大火把崭新的三大殿全部烧毁。没过两年乾清宫又被烧毁。永乐皇帝以为得罪了上天，赶忙下诏认错。北京宫殿也不敢再修了，直到明英宗朱祁镇才开始重建。

此后紫禁城每隔一二十年，甚至隔上几年就有失火的记录。嘉靖三十六年（1557年），三大殿因雷击起火，外朝主体全毁，皇帝只好去文华殿上朝。据记载，光是清理灰烬就用了3万多人，还征调了5000多辆小车。

清代吸取了明代的经验教训。康熙皇帝甚至成立了“消防队”，称为火班，也叫激筒处，每年都要演习。使用一种叫作激筒的人工喷水设备，它灭火性强，所以康熙朝也是明清两代火灾发生最少的时期。

建福宫遗址

虽然火灾少了很多，但仍然无法避免。光绪十四年十二月十五日（1889年1月16日）深夜，距离光绪皇帝大婚只剩一个月。紫禁城离奇失火，贞度、太和、昭德三门化为灰烬。按照制度，大婚时皇后必须经过太和门才算圆满。慈禧太后只好下令赶造一座临时的太和门。

紫禁城西北部的建福宫花园是故宫四大花园之一。那里收藏着皇帝最喜爱的珍宝，还供奉着很多宗教法器、藏文经版等，是名副其实的“皇家宝库”。然而1923年6月26日一场大火，建福宫灰飞烟灭，无数珍宝化为灰烬。据当时流传的说法，清帝退位以后，宫中偷盗成风，太监们监守自盗，为了掩盖罪行就故意纵火。

如今，故宫博物院不再是皇家重地，但是这里有近万间古代建筑，收藏了上百万珍贵文物，吸引了全世界上千万观众。一旦失火，后果更加严重。所以，故宫博物院把防火看得像命根子一样重要。

为了防火，必须杜绝一切火源。故宫从2013年5月开始全面禁烟，还会不定期组织巡查，连垃圾桶都不放过。故宫保卫处专门设立了防火科，为每栋建筑配备灭火器，安装避雷针，并针对用电制定了严格的管理制度。故宫新员工入职前必须进行防火培训，一代一代的年轻员工还组成义务消防队，经常进行集训。博物院还组织全体员工参加消防运动会，训练消防技能，提高消防意识。

故宫博物院 2013 年“11·9”消防演习

2014年，故宫开展了“平安故宫”工程，包括针对消防的基础设施改造和监测安全系统升级。之前，故宫博物院的一些非开放区因为长时间没有使用，堆积着树枝、树叶以及其他杂物，有些地方的杂草都到膝盖那么高了，这些都是非常严重的火灾隐患。我们进行了为期三年的环境大清理、大整治。包括室内10项内容，室外12项内容，把故宫室内室外清理得干干净净，消除了所有的安全隐患。还有很多电线、电器，过去安装得不规范，可能会因为漏电引发火灾，这次也进行了集中清理整治。

如今的故宫博物院，建了5个中控室，里面有65面大屏幕，连接3300个高清摄像头，还有5674个智能烟雾探测器、113台吸

故宫博物院消防运动会现场

气式火灾探测器，两套系统对9700多间古建筑进行了消防监控全覆盖，确保一处有火情、多点齐响应。故宫还搭建起高压供水管网和发电设备，安装了167个地下消火栓。

当然，防火只靠故宫博物院是远远不够的。很多人可能不知道，在故宫驻扎着一支消防中队，它的历史可以追溯到1970年。当时在周恩来总理的关怀下，一个消防排进驻故宫，负责防火工作。1975年，成立故宫消防中队。2016年，故宫中队更名为故宫特勤中队，主要担负着以故宫为中心，天安门周边地区的消防和应急救援任务。

在故宫，消防员们没有实战的机会。为了预防火情，他们对故宫古建筑进行逐一调研，制订了1套整体预案、10个区域预案、55个单体预案，对灭火进攻路线、供水方法、灭火剂选择等进行预先计划统筹。每月对供水管网进行测试。定期进行综合演练，一旦发生火灾，怎么把“伤员”和“文物”及时抢救出来。除了消防战士，机器人也要演习，要做到在发生火灾时可以第一时间冲入火海，先把明火灭掉。这些演习让故宫能够时刻保持战备状态，确保出现险情1分钟内出警，3分钟内处置。

同时，消防员们也没有丢弃明清紫禁城流传下来的优良防火传统，比如“冬凿冰、夏注水、春除草、秋清叶”。冬天在结冰的金水河河面凿窟窿，确保就近取水；夏天在大缸里注水，确保水源充足；春秋两季，清除屋顶和院内的杂草、落叶，确保随时消除火灾隐患。

正是因为“平安故宫”的建设和消防中队官兵的守护，创造了故宫40多年无人为火灾的纪录。这样，我们把壮美的紫禁城完整地交给了下一个600年。

辑四

制作咖啡的声音

『角楼』怎么成了网红打卡地

大家好，我是单霁翔。46种不同的声音，让你听到不一样的故宫。

今天的声音，是制作咖啡的声音。

可能有人会觉得奇怪，已经600多岁的紫禁城跟咖啡有什么关系呢？其实早在2018年的12月1日，位于故宫博物院神武门外的角楼咖啡就正式营业了。

故宫的角楼，一共有四座，位于故宫城墙的四个转角。角楼原来的功能主要是军事防御。今天，角楼已经不再承担防御功能，更多的是对故宫整体的装饰。角楼的建筑风格与故宫的其他建筑截然不同：四周不设箭窗，朝外的两侧墙壁修饰成漂亮的菱形花窗，从墙外远处看去，看不出有任何墙面，像是一座四周环窗临水的水榭。这四座角楼就像艺术品一样，精美玲珑，十分惹人喜爱。

角楼是整个紫禁城中最有代表性的明代建筑。被叫作楼，是因为从外观看有三重屋檐，又高踞在紫禁城城垣之上。但实际上，角楼的内部并没有楼层，是一座不是楼的“楼”。

角楼从城墙墙基到梭顶高27.5米，合起来相当于九层楼高。角楼独具匠心地连续使用了6个歇山顶，其中2个是单檐歇山顶，4个是重檐歇山顶，组合成多角形屋顶。最上

故宫角楼

层十字形屋脊的中央还安了个光彩夺目的鎏金宝顶。

很多人都很好奇，故宫角楼到底有多少个角？实际上，基于对称做法，每座角楼共有28个翼角，其中第一、第二层屋檐各有12个翼角，第三层屋檐有4个翼角。这些翼角均匀地分布在四个方向，产生一种极具欣赏性的美感。

民间有一种说法，说故宫角楼的建造用了“9梁18柱72脊”。其中还有个有趣的传说。

相传，明朝的永乐皇帝朱棣在紫禁城建成后，下令在紫禁城的四角建四座象征天宫的角楼，并且每个角楼都要有“9梁18柱72脊”。他要求工匠们在规定的时间里造出来，一旦工期延误就要砍头。工匠们冥思苦想，废寝忘食，却始终没能设计出来。眼看工期将至，一个个都很着急。

这一天，有个木匠觉得烦闷，便在街上闲逛，正巧碰上一个卖蝈蝈的老头儿，其中有一个蝈蝈笼子十分精巧，木匠觉得有趣就买下了它。

等回到工地后，大伙儿都围过来看，

古建模型文物

故宫角楼彩色图

觉得这笼子不像笼子，倒像是一座楼阁。再仔细一数，正好是“9梁18柱72脊”。这下，工匠们欣喜若狂，都觉得这是鲁班爷显灵来救大家了。

当然，传说虽美，但事实上这种说法是不对的。对于建造故宫角楼用的梁而言，种类非常多，如角梁、井口趴梁、顺

仰视角楼

梁、抹角梁、太平梁等，其中仅翼角用的梁就有56根了；而角楼用的柱，一层立柱就已经有20根，二、三层还有不落地的童柱、瓜柱、雷公柱等；角楼的屋脊又包括斜脊，就是我们所说的翼角，以及正脊、垂脊、围脊、博脊等种类。经过计算，脊的总数也不是72条，而是76条。所以说，民间传说中角楼营建所用梁、柱、屋脊的数量其实是与实际不相符的。

作为故宫的守望者，角楼一直是摄影爱好者的打卡点。天气好的时候，我们可以看到角楼的红墙黄瓦坐落在灰色高大的墙垣上，在蓝天白云的映衬下，层层拔高，倒映在护城河的水面上，呈现的画面十分惊艳。所以，很多游客到故宫游玩也会特意在角楼拍照留念。

2018年12月角楼咖啡开业，成了游客来故宫的一个新打卡地。角楼咖啡位于故宫神武门外的街道，并不是在角楼里面。但是与角楼一样，都是故宫与观众距离最近的地方。

这里原本是故宫博物院的一处办公地。变身为咖啡厅后，方便了过路的群众和刚从

故宫游玩出来的观众，人们无须买票，就能一边享用咖啡，一边近距离感受故宫文化，特别是周一故宫闭馆之时也能来。

在神武门外，我们放置了一块“朕请你来喝咖啡”的指示牌，跟着指示牌，游客就可以顺利地找到角楼咖啡厅。

角楼咖啡厅面积大约100平方米，装饰走的是古风路线，从墙面到屏风都绘制着《千里江山图》等图案，全力打造沉浸式的空间体验。店内饮料大约30余种，咖啡、牛奶和茶都有。所有饮料里，可能最吸引观众的是“故宫甄选”系列，光从名字上来看就很有故宫特色，比如“养心咖啡”“康熙最爱的巧克力”“三千佳丽奶茶”“佛手香茗”“一骑红尘妃子笑”等。也有一些搭配饮料的蛋糕甜点，最有特色的蛋糕叫“千里江山卷”，很受年轻人喜欢。

这些名字都是有故事的。比如说“康熙最爱的巧克力”。可能很多人没有想到康熙也吃过巧克力吧，这可是有文献依据的。据史料记载，康熙四十五年（1706年），巧克力被意大利来的传教士送入清

角楼咖啡坐落在神武门外西侧

角楼咖啡开业时的火爆场景

角楼咖啡门外排起长队

角楼咖啡开业时的装潢

宫。不过当时巧克力被认为是一种西洋名药，被称作“绰科拉”。味道呢，是一种略带苦涩又有清香的滋味，康熙皇帝被吸引住了。尤其是白巧克力，更是成了康熙皇帝的心头好。我们就是根据这条记载推出了这款单品。

除了名字有趣可考，我们的饮品也像“御膳”一样讲究。比如“养心咖啡”，就加入了栗子，因为中医认为栗子有补肾健脾、益味平肝的功效。

在角楼咖啡厅里，还专门开辟了一个展区，集中展示印有《千里江山图》的扇子、以宫藏文物图案为封面的笔记本等精致的小件文创产品。

现在，每天都有成千上万的观众来到角楼咖啡厅拍照打卡。从故宫参观完就可以拐到咖啡厅来，喝一杯故宫咖啡当作参观紫禁城的收尾。

我诚邀大家走进角楼咖啡厅，尝一尝饮品小食，品一品角楼之美、故宫之美。这是故宫博物院在以现代生活方式融合传统文化的道路上的进一步实践。我们是想以最新颖、更符合现代人生活方式的咖啡餐饮服务、文创用品设计，表达对故宫文化的敬意，通过餐饮服务及衍生品让更多人了解传统文化。

上新了·故宫

故宫文创不止萌萌哒

大家好，我是单霁翔。46种不同的声音，让你听到不一样的故宫。

今天的声音是《上新了·故宫》片头曲调片段。

大型文化季播节目《上新了·故宫》新闻发布会
（2018年10月17日）

《上新了·故宫》是由故宫博物院出品的大型文化节目。在里面，我们通过和专业设计人员的合作，开发了不少故宫的文创新品。

说到故宫的文创产品，有人说“故宫出品，必属精品”，还有人说“故宫文创是萌萌哒的”。我原来不知道“萌萌哒”是什么意思，问身边的年轻人，他们说“还行吧”。后来我看到“脑洞大开”这个词，又问，他们说“也还行吧”。我首次接触到这些词语，都是在故宫博物院推出一系列文化创意产品之后。这是种新鲜的体验。

2014年，故宫工作人员对馆藏的《雍正行乐图》进行了“改编”，制作出一组题为

清　雍正帝朝服像

清　胤禛行乐图册

“雍正：感觉自己萌萌哒”的动态图片。古画中的雍正皇帝不仅“活”了起来，每幅图还配上了“朕就是朕，颜色不一样的烟火”“感觉自己萌萌哒”等讲解词。这组图在故宫博物院的微信公众号上一经发布，很快阅读量就超过10万，刷爆了当时的微博和朋友圈。

雍正帝是一位很有话题性的皇帝，他是个全年无休的工作狂，13年批了360卷、7000多件奏章，留下了很多有趣的朱批。比如批复河南巡抚田文镜的奏折中写道：“朕就是这样汉子！就是这样秉性！就是这样皇帝！尔等大臣若不负朕，朕再不负尔等也。勉之！”

朱批里的真性情，跟皇权的威严感形成一种反差，用年轻人的话来说就是有种“反差萌”。原本高冷的雍正皇帝，一下子变得可爱又亲民，成为当时热门的“网红”。由此，我们研发了雍正御笔系列折扇，折扇上选取雍正亲笔所书的“朕亦甚想你”“朕心寒之极”“朕生平不负人”等词句。除此之外，还有“丝毫勿虑，尽量发胖”御批骨瓷杯、“朕饮食甚好”御批骨瓷碗、“朕这一年”记事本等，都是这一类文化创意的衍生产品。

同一年，故宫的文化创意产品还相继推出了“朝珠耳机”“奉旨旅行”腰牌卡等一系列产品。“朝珠耳机”还入选“2014年中国最具人气的十大文创产品”。

在过去，故宫博物院也有卖纪念品的商店，但是卖什么的都有，商品比较零乱。卖的大多是全国各景点都能买到的纪念品，比如一些书画、瓷器的简单复制品，实用性不强，价格还比较贵，在百元左右，消费者不买账，不像现在推出的文创产品，十几块钱就可以把故宫文化带回家。

2014年，故宫的文创初次试水获得了较好的收效。产品从最初的高端观赏性绘画、瓷器变为以实用性为主兼具文化底蕴的文创产品，诸如鼠标、扇子、茶杯、手机壳等。故宫的手机壳，我很喜欢，当时店里卖49元。我用了很久。当时文创团队看我都能喜欢这种手机壳，于是研发了100多种故宫手机壳。

故宫做文化创意产品，不光要萌，还要实用，要注重人们需要什么，让文物藏品更好地融入人们的日常生活中，发挥其文化价值。比如说很多观众参观故宫时对宫门的印象很深，所以故宫就把宫门做成了宫门旅行包，让人们把对宫门的印象带回家。《十二美人图》很有名，我们就做了美人伞，春夏秋冬都可以用。

此外，故宫猫很有名。故宫人爱猫，因为有了猫以后，故宫里面就几乎没有老鼠了。我们后来注意到广大观众和网友也喜欢故宫猫，所以把故宫猫设计成了橡皮擦、小书包，都很实用。

我始终认为，文创产品必须要深入挖掘自己的文化资源、文化信息，把它跟人们的生活需求进行对接。所以，故宫的文化创意产品不光是萌、接地气，而是始终坚持以传统文化为内核，对故宫元素进行年轻化包装。比方说故宫有37万多件陶瓷，其中宜兴紫砂有400余件。雍正皇帝就喜欢各种造型不同的紫砂壶。而乾隆皇帝更是精通品茗之道。乾隆六年（1741年），宫廷开始向宜兴定制带“乾隆御题诗”和绘有《烹茶图》的茶壶、茶叶罐。如今，雍正皇帝和乾隆皇帝喜欢的五把紫砂壶，变成了文创产品，普通人也可以带回家，感受他们当年是怎么喝茶的。

故宫博物院馆藏的《海错图》很有意思，是少见的清代宫廷收藏的博物学资料。它对海洋生物的描绘带有很多的浪漫

清　宜兴窑紫砂胎泥绘烹茶图题乾隆御制诗文执壶

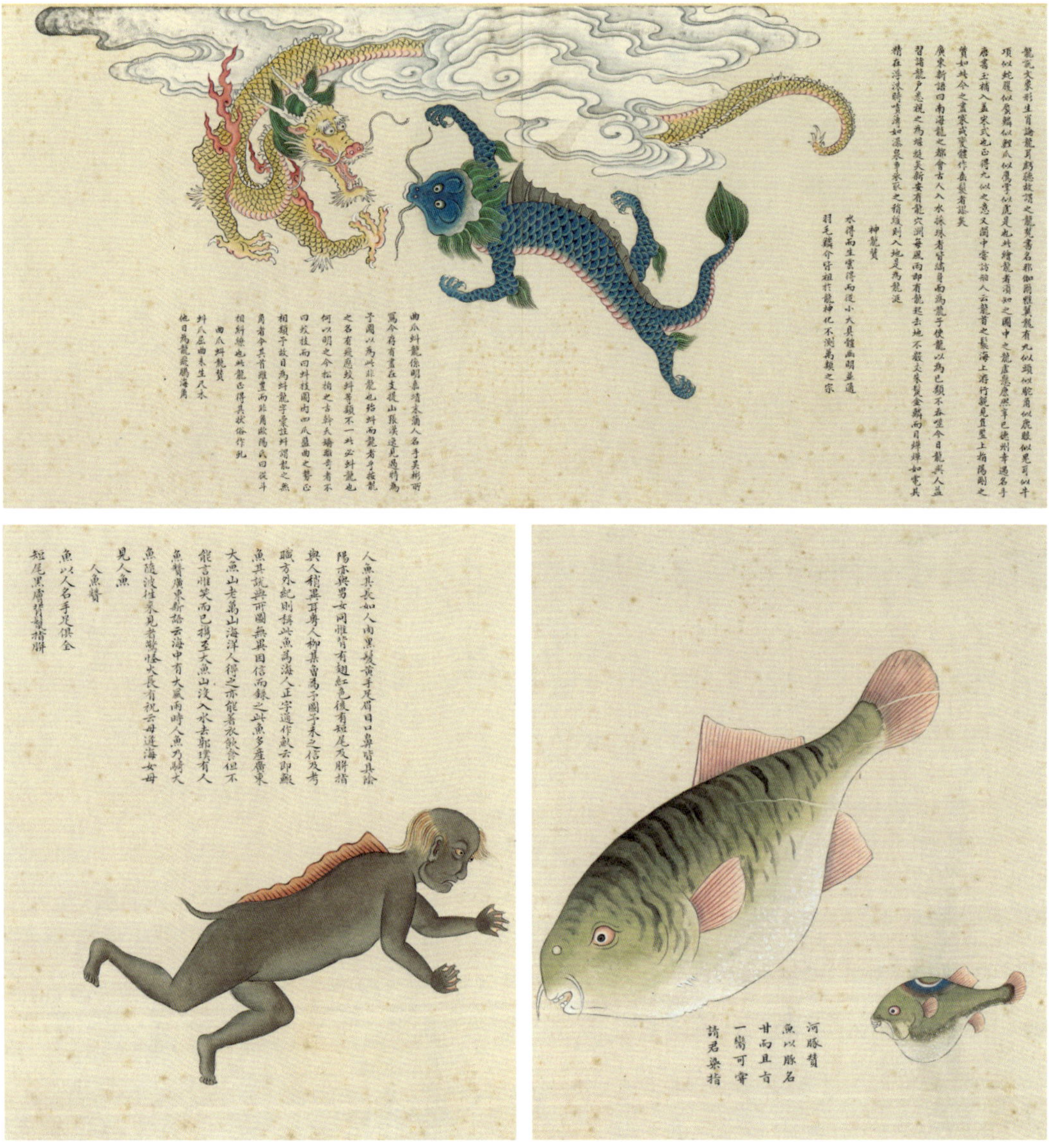

清　聂璜　海错图册

想象色彩，并且每个海洋生物都非常活泼，看起来挺讨喜的。

故宫文创团队对其进行了深入挖掘和推广，比如请有影响力的微博大V讲述《海错图》里的生物，做“海错”主题的各类文创，把“海错”元素变成多媒体数字海洋科普教育展，还出版了针对青少年的知名畅销书《故宫里的博物学》。“海错图”一时间成为知名IP，这一知名IP又赋能到各种文创产品中，形成互相促进的良性循环。

这引起了我们深度思考。我们做文创产品，应该博采众长，重视跨学科、跨领域的文博素材，重视具有生动表现形式的文物。

故宫每年接待1700多万观众，2019年甚至超过了1900万。这么多的游客，对故宫的理解认识不同，对文创产品的要求也不尽相同。所以我们开辟不同的销售渠道，开发不同类型的产品，形成了故宫淘宝、故宫出版、故宫文创、故宫食品、上新了·故宫、故宫文具等品牌，满足不同群体的需求。

为了更好地塑造品牌形象，故宫博物院在确保每件文化产品都拥有故宫创意元素的同时，也不断加强对产品设计、生产、营销各个环节的把控，力争使每件产品均具备高质量。故宫文创产品样品打样常规在四至五次，甚至更多，以精准把握细节、调整产品工艺、完善制造工序。从文化创意产品本身到包装盒、包装袋都需要有统一的呈现，延续整体风格。2018年底火爆一时的故宫口红，在研发过程中，仅口红外观设计稿就修改了1240次。

故宫博物院的藏品是一个取之不尽的宝藏，在这方面，故宫开发文创的优势非常明显，能够不断挖掘，不断进行创意。当然我们也不是一味迎合大众，而是以严谨而风趣的方式接近消费者，最终实现文化的传播与再生。只有这样，故宫才能达到最好的状态，才能让故宫文化遗产资源活起来，实现“把博物馆带回家”的目标。

AI机器人声

故宫强大的新媒体

大家好，我是单霁翔。46种不同的声音，让你听到不一样的故宫。

今天的声音来源于故宫AI智能聊天机器人“福大人”，让我们来听一下这个声音。

这是故宫AI智能聊天机器人“福大人”的声音。“福大人”是谁呢？他是观众参观故宫的导览助手。“福大人”有问必答，通过问答，观众可以获得故宫重要景点的导览路线、卫生间等服务设施的位置、故宫历代皇帝趣闻逸事等信息。“福大人”的聊天内容大多来自《清代历朝起居注合集》《清实录》以及一些其他文献，总共包含了670条趣味问答，语言风格幽默风趣，让观众有一种穿越时空在紫禁城中与人面对面聊天的体验。

在故宫推出的相关移动端导览应用里，还能给观众推荐有特色的路线，比如说“皇帝的一天”游览路线：从养心殿到慈宁宫，再到武备馆、乾清宫，再经乾清门到御花园和畅音阁。熟悉清代历史的朋友应该知道，这大概就是一位皇帝的起居日常，早上起床后，先去看望母后，再处理政务，最后休闲娱乐这么一个路径。通过特色路线的设计和对目标建筑的讲解，用趣味化的形式诠释故宫深厚的文化底蕴。

说到这里，我必须要夸赞一下我们的幕后英雄——可爱的新媒体团队。他们主

“福大人”的头像

入口界面

“福大人”解答问题

与“福大人”对话

"皇帝的一天"App

给太后请安

晨起换装

休闲逛御花园

要负责故宫的官方网站、微博、微信与App等网络媒体的策划、发布与运营。团队成员以80后为主，他们"进宫"之后，在短短数年之间，就让"数字故宫"的影响力与日俱增。虽然我们对阅读量、粉丝数都没有硬性的数据要求，也不会用这个考核大家的工作，但是故宫网站的访问量在2017年达到了8.91亿人次，官方微博粉丝猛增，微信公众号有大量阅读量10万+的文章。

有人跟我说："你们故宫的官方微博，发一条就是热点！"事实也确实如此。2018年10月，故宫博物院微博推出一条"故宫出版神秘古籍"的微博，阅读量很快就超过2000万，获赞2.2万次。

在卖萌之风席卷网络的当下，故宫的新媒体却是“高冷范儿”。他们不卖萌，不凸显个人形象，只如实地记录展现故宫的美好，赢得了众多粉丝的爱戴。

很多粉丝喜欢故宫的雪景图片。2015年初冬，故宫的第一场雪在网络上一亮相，立马横扫微博和朋友圈。2016年一组“紫禁城初雪”的照片，访问量很快达到了1425万。2017年，没等来下雪，我们着急啊。幸好还有红月亮，我当时在苏州出差，打电话建议拍一组“红月亮”的照片放上去。第二天一看，2000万的点击量。到现在，只要是下雪天，或者天气预报某天有雪，就会出现很多网友催更，让我们赶快上新照片！

故宫博物院官方微博话题“故宫出版神秘古籍”

很多人都好奇故宫这些美图都是怎么拍的？我们有一个御用摄影师叫张林，他其实也是故宫双微的负责人。2014年，毕业于北大考古专业的硕士生张林，从众多竞争者中脱颖而出，加入了新媒体团队。他最初的任务之一就是多拍“故宫大片”来吸粉。张林开始很卖力，冬天拍雪，春

太和门广场全景

天拍花。其实他对花粉过敏，为了拍出好照片就一直戴着口罩来克服这个困难，拍的时候一把鼻涕一把泪的。

一开始，张林拍的照片没有得到负责人的认可。光拍花，那些花儿是挺好看，但是缺少故宫元素。张林就时常在故宫里漫步，慢慢找到了感觉，还结合拍照时在宫里游走的路线，制作了故宫赏花地图，帮助观众轻松获知寻花路线。

可能跟大家想的不一样，在拍摄故宫美图上，我们的御用摄影师也没有特权，也要跟大家一样抢位置进行拍摄。如果要进入到非开放区拍摄，他也得经过一道又一道的审批流程。故宫的那些雪景美图，就是张林早晨背上设备等在门口，与大部分观众一样抢时间拍出来的。为了让大家能更快地看到故宫雪景，张林还特意请了一名同事做“摄影助理”，拍到一半时，就让同事跑步把相机储存卡送回办公室。

有网友总结故宫微博是“有事启奏，无事晒颜”。如果有正事，就宣传展览、举办活动等，平时就是“花式晒颜”，不断更新各种美图系列，让大家感觉到故宫是一座“活的城”。

通过新媒体与观众的互动，我们可以去了解他们关心什么。关心故宫猫的时候，我们讲《宫猫记》；关心故宫色彩的时候，我们讲《点染紫禁城》；关心故宫四季景色的时候，我们讨论故宫的红墙、黄瓦、蓝天，三原色。这样藏于细节的巧思，让故宫的新媒体平台广受欢迎，粉丝活跃度越来越高。比如在“爱上这座城”这个话题里，除了可以欣赏到美景，几乎每天都有网友分享属于自己的故宫故事，还有人在评论里邀约朋友同去看展。

故宫博物院出品 App 获得各种奖项

虽然是做新媒体，但为了保证故宫的专业性和严谨性，故宫新媒体一直以严格的标准要求自己。故宫发布微博、微信，一定要经过三审制度。哪怕是一条140字不到的微博，也一定会经历编辑、科长、主管副主任等多人之手，层层审核，保证质量。有些时候，稿子还要拿去给专家审核。故宫还在不断推出覆盖多个层面、针对不同人群的移动应用，比如“皇帝的一天”“每日故宫”“故宫陶瓷馆”“清代皇帝服饰”“韩熙载夜宴图”等。这些产品，在选题策划初步通过之后，负责人都会找来大量的相关资料进行研究，光是书籍与纸质文件，摞起来就有一米多高。在吃透难懂的学术资料之后，负责人会结合自己的创意，整理出一份几万字的草案，与院内外专家进行商讨。最后真正用在App上的，常常只有最浓缩、最精练的千把字。

多年来，故宫的新媒体人一直致力于研究受众群体的变化，不断用更好更有趣的方式，传播故宫蕴藏的优秀传统文化。晒美图也好，创造出“福大人”也好，都是希望能将故宫更多的层面以亲切、幽默，又不失风雅的方式展现在观众面前，最终吸引更多的人来关注故宫所蕴藏的更深层次的文化。

夜宴之声

宫中出品的 App 为什么都这么美

大家好，我是单霁翔。46 种不同的声音，让你听到不一样的故宫。

今天的声音，是故宫博物院出品的手机应用“韩熙载夜宴图”里的旁白和音乐声。

可能很多人不知道，我们刚刚听到的这段悠扬动听的音乐，是一种来自福建省闽南地区的传统音乐，叫南音。它保留了唐代以前传统古老的唱法，现在是世界级非物质文化遗产。我们在把故宫博物院所藏的《韩熙载夜宴图》这幅古代书画做成App时，为了最大限度地还原历史，特意邀请了台北“汉唐乐府”表演团体用“南音”演绎画中的乐舞。当然，《韩熙载夜宴图》里演奏的到底是什么音乐，历史上并没有记载，但是从绘画里所描绘的乐器和表演、演唱的方式来看，与南音是如出一辙的。

有人可能不明白，故宫博物院为什么要花这么大工夫在这些细节上。《韩熙载夜宴图》是五代大画家顾闳中的作品，这幅画用连环长卷的方式，描绘了这位南唐皇帝特别倚重的大臣，也就是韩熙载，在家中开宴行乐的情形。场景描摹得很真实，把画中人物的性格与表情刻画得淋漓尽致，历史和艺术价值极高。但是，这么珍贵的书画藏品，平时在保存和展出方面都有特殊要求，能够呈现在观众面前的机

五代　顾闳中　韩熙载夜宴图卷（局部）

会十分有限，近距离欣赏过这幅绘画的观众并不多。为了弥补这一缺憾，故宫博物院就把《韩熙载夜宴图》这幅画的内容做成了App，在2015年1月8日上线，上线第一天就获得了应用商店编辑推荐。

为了做好这款App，我们除了请“汉唐乐府”表演南音，还组建了由书画专家单国强、余辉领衔的学术指导创作小组，邀请北京交通台主持人春晓、美籍学者安义宣分别为中英文版本配音，由专业技术公司进行设计。尤其是邀请了著名服装设计师叶锦添作为美术顾问，把古人生活的美与雅还原到极致。

如此“重量级”的团队，历时近两年，拍摄、制作素材累计近900个G，经过数次修改，最终把高清的文物影像、专业的学术

“韩熙载夜宴图”App 发布会现场

资料、丰富的媒体内容和创新的交互设计呈现给观众。整幅画作中共有100个内容注释点、18段专家音视频导读和1篇后记，很多网友都称赞这样的制作非常豪华。

故宫出品的App，我自己每次都先睹为快，试一试感受好不好。“韩熙载夜宴图”App的操作方法很简单。左右拖动赏画，长按画中的人物、物品、装饰，便会

出现这些内容的具体介绍，画质清晰精美，每一帧都让人想要截图保存。如果你点击特定人物，比如横抱琵琶的乐姬或是穿蓝色服饰的舞伎时，这些人物就会“复活”，以真人的形式为你弹奏传统南音，跳起舞蹈，带给你鲜活的文化体验。

故宫博物院出品的App，颜值特别高，这是无数网友对我们App的评价。“韩熙载夜宴图”App只是其中之一。

很多观众通过《国家宝藏》这个节目，了解到故宫博物院所藏的宋朝王希孟的《千里江山图》。我也看到很多网友评论留言说想看看这幅画。所以，故宫博物院与网易联合研发了手机游戏《绘真·妙笔千山》。这是一款互动解谜游戏，以《千里江山图》为背景，独创剧情，融合了《山海经》《镜花缘》等经典神话志怪传说。故事的背景，是小和尚一修为求绘画真谛，在拜访当代画圣妙山先生的路上，偶遇了一名妖魔幻化的黑发孩童墨言。在妙山的指导下，一修和墨言需要一起进入山水画中磨炼心性，逐一破解每幅画作里的谜题，才能体会到古画的个

《国家宝藏》项目启动仪式活动（2017 年 8 月 22 日）

《绘真·妙笔千山》发布会（2018 年 12 月 28 日）

中玄妙。

《绘真·妙笔千山》的游戏并不难，我们更倾向于用户从中体验到国画山水之美和故事的温度。从《千里江山图》提取元素进行动态重组，云海、树叶、水波都被原汁原味地还原。画面也是仿古绢般的泛黄色调，帧帧都是画境，处处透着精心，让用户沉浸于山水之间，感受妙不可

言。年轻人的关注是文化传承中不可或缺的一环，故宫博物院希望借助文化与数字技术的连接、融合，满足更多公众尤其是年轻群体的喜好。不论是关注书画的人，还是钟爱游戏的人，都会被吸引，这有助于推动传统文化的普及。

故宫博物院还做过一款“清代皇帝服饰”App。当时负责这个App的同事庄颖曾经为皇帝冬朝服的边缘和衬里所用的皮毛究竟是“天马皮”还是“海龙皮”纠结了很久。因为古代人对毛皮的命名太有想象力，这个“天马皮”“海龙皮”又究竟是什么呢？让现代人一头雾水。

为了搞清楚这个问题，庄颖和同事辗转不同部门去求证皮毛鉴定专家，又根据故宫现有的样本去研究。最后发现，样本里的“天马皮”“海龙皮”成分很复杂，并不是由简单的一种动物皮毛制成的。有可能是贪官牟利，骗皇帝说是某一种珍贵的皮毛；也有可能是工匠撒谎，却凑不到那么多的特定皮毛。

其实这只是一个很小的细节，但是庄颖和同事还是多方求证，显示了故宫新媒体人的严谨。

故宫博物院还出了一款叫作“故宫展览”的App。以往总有观众反映我们的展览太好，看过了还想看。也有观众说想看展览，但是路途遥远，或者是错过了时间，那么这款“故宫展览”App就是为了满足观众想看展览的愿望。大家可以根据时间查看过往的展览、正在展出的展览、即将开始的展览等情况，也可以根据展览的种类查看珍宝、瓷器、雕塑等专项展览，可以说是随时随地，看你想看。

还有一款“每日故宫”App，以日历的形式呈现，每天会把故宫博物院的一件精美文物加上权威说明上传，用户可以保存。一年365天，一天一件文物，十年就是3600多件文物藏品，那就是一个藏品库。这个App不仅可以让用户永远收藏这些资料，更是圆了一个故宫人的梦，就是把故宫博物院的文物藏品传播到社会公众手中，让馆藏文物“活起来”，让更多观众享受故宫文化带来的精彩体验。

国宝回归
故宫国宝如何登上了春晚舞台

大家好，我是单霁翔。46种不同的声音，让你听到不一样的故宫。

今天的声音，是2018年央视春节联欢晚会中的“国宝回归”节目片段。

我们刚刚听到的“国宝回归”片段，是2018年央视春节联欢晚会特别设计的一个环节，我很荣幸与国宝《丝路山水地图》的捐赠者许荣茂先生一起登上春晚的舞台，向大家讲述了这件国宝回归祖国的故事。

这件《丝路山水地图》到底是什么来头呢？

研究表明，《丝路山水地图》约绘制于明朝嘉靖年间（1522~1566年），是一幅属于宫廷的皇家地图。它画在绢本上，宽0.59米、长30.12米，是一幅名副其实的巨制。30.12米是什么概念呢？我们可以来做个对比，《清明上河图》的长度是5.28米，《千里江山图》的长度是11.91米，《丝路山水地图》30.12米的长度，相当于6幅《清明上河图》、3幅《千里江山图》，竖起来得有10层楼那么高！经过学者研究，这幅画作现在的尺寸，只是原图的四分之三，其余四分之一被人裁切，原图长达40米左右。

《丝路山水地图》不光长度惊人，从绘画艺术的角度看，也水平高超，美得出奇。作为一张彩绘地图，《丝路山水地图》规模宏伟，使用青绿山水的技法绘制而成。这样的画主要用矿物质颜料石青、石绿绘制，因此叫作青绿山水画。这类矿物质颜料极为珍贵而不易得，需要悉心调制而成。用石青、石绿这两种颜色作画，好处在于着色浓郁，有极强的装饰性，而且即使经过数百年，也能保持鲜艳如初。青绿山水发端于唐代，在宋代达到顶峰，到了明代，虽然热潮已经退去，但仍然在宫廷绘画中占据重要地位。《丝路山水地图》十分接近明中期吴门画派的风格。

中国古代地图，多以山水画的技法绘制，绘制一张地图，就好像打造一件精美的艺术品，当然，在画好看的同时，并不意味着牺牲科学性和准确性。作为一张地图，首要任务，还是向我们展示一个真实的世界。

《丝路山水地图》之所以这么重要，是因为它负载了大量原始的地理信息，描绘了西域数千千米道路、居民点和自然风貌，东起嘉峪关，西至天方城，也就是今天沙特阿拉伯的麦加。整幅画用汉字标注了211个地理坐标，涉及欧洲、亚洲和非洲10多个国家和地区，其中许多都是丝绸之路上的重要城市，比如中国的敦煌、乌兹别克斯坦的撒马尔罕、阿富汗的赫拉特、伊朗的伊斯法罕、叙利亚的大马士革等，史料价值巨大。

这幅图的出现，以实物有力证明了，400多年前，在西方地图传入中国之前，中国对世界地理，特别是对于丝绸之路沿线已有清晰的认识，可以由此追溯到汉唐时期丝绸之路的走向。这值得我们每个中国人都感到由衷的自豪和骄傲。

那么这样一件国之重宝，是如何流落海外，又最终回到祖国怀抱的呢?

20世纪30年代，《丝路山水地图》从中国流散到日本，被日本著名私人博物馆——藤井有邻馆当作清代山水画收藏。直到2000年，此图由国内收藏家收购后回流国内。

《丝路山水地图》的出现，立刻引起故宫博物院的高度重视。不过该图题款已经丢失，原来的名字已经无处考证，只有图的背面，有藏家题签“蒙古山水地图”。经过国家文物鉴定委员会主任傅熹

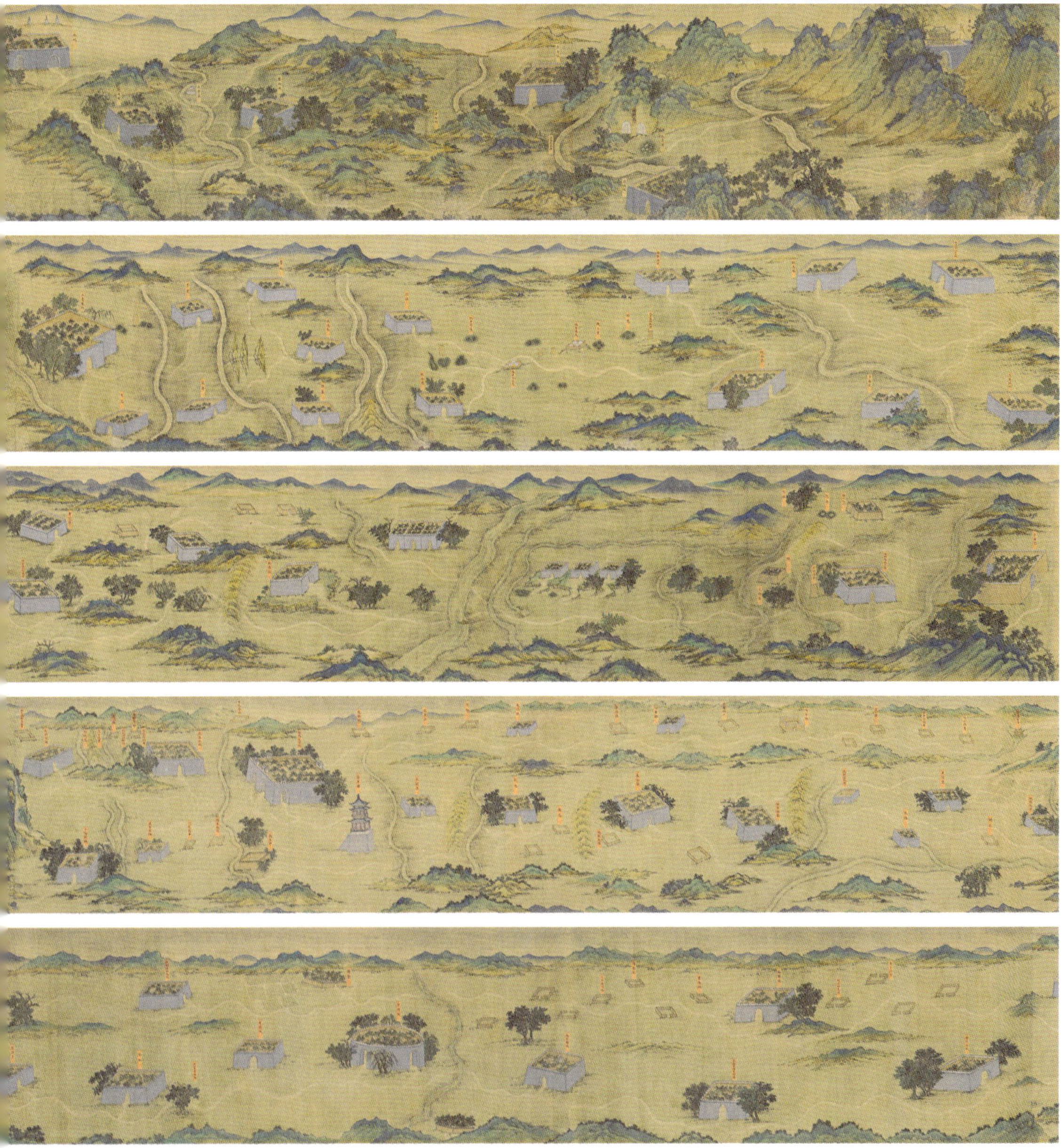

明　丝路山水地图

年先生的初步鉴定，认为这幅图至少是明中期以前的作品。北京大学考古文博学院教授林梅村先生耗时八年，专门研究此图，才基本上弄清了情况。

2017年，香港企业家许荣茂先生用1.3亿元人民币将其收购，并无偿捐赠给故宫博物院。入藏故宫后，该图更名为《丝路山水地图》。

事实上，在春晚展现的《丝路山水地图》，只不过是故宫接受捐献文物的一个缩影。故宫博物院收藏的180多万件文物中，至少有3万多件来自社会捐赠。到目前为止，已经有800多人向故宫博物院捐赠了文物。可以说社会捐献，一直是博物馆系统丰富和完善馆藏所不可或缺的渠道。

景仁宫景仁榜

故宫博物院专门设立“景仁榜”，铭记捐赠者。“景仁榜”在故宫景仁宫内。这里曾是康熙皇帝的诞生地，清代后妃的住所。2005年4月28日，景仁宫有了新的使命。故宫博物院决定将这里辟为专门陈列捐献文物的展馆，取景仁宫“景仰仁德”之意，设立“景仁榜”，来表达对于这些捐赠者的感激之情。

“景仁榜”上，镌刻着此前近百年间向故宫捐赠个人藏品的所有捐赠者姓名，在这份名单中，既有张伯驹、王世襄、朱家溍、郑振铎、章乃器等在收藏界如雷贯耳的名字，也有名不见经传的普通劳动者。每个名字背后都有一个鲜活感人的故事。这些横跨百年的捐献对故宫博物院又意味着什么呢?

我在这里讲一个普通百姓的故事。

1985年，河南省商水县村民何刚，在自家院子施工时，挖出一缸银器。当时有文物贩子要用一蛇皮袋现金购买这些文物，何刚不为所动，最终将19件元代银器和存放银器的元代赭釉大缸一并捐赠给故宫博物院。

经过鉴定，何刚捐赠的这批银器中，被定为二级甲等文物的1件，二级乙等文物11件、三级文物5件、一般文物2件，其中一个银镀金錾花双凤穿花玉壶春瓶尤为珍贵。它通体线条流畅，纹饰、做工极为精美，代表了元代银器工艺的高超水平。

由于故宫博物院收藏的元代银器较少，何刚所捐的这批价值不菲的文物恰好填补了这类藏品空白，成为研究元代社会生活习俗的珍贵实物资料，在以后的展览中也被多次展出。

可能很多人不知道，捐赠这批珍贵文物的时候，何刚的家庭是非常贫困的。他的妻子去世了，父亲重病缠身，一家人的生活仅靠何刚外出打工维持，经常入不敷出。

了解到何刚的情况后，故宫博物院两次向何刚伸出援手，通过资助的形式帮助他，表达对他们一家保护文化遗产的感谢。2017年，何刚同志逝世，年仅54岁。故宫博物院为他举行了一场追思会。这是

何刚捐赠的文物

紫禁城600年历史中，第一次为一个农民办追思会，是故宫博物院对文化遗产保护者的铭记。

何刚只是一个默默无名的农民，却也是中华文化的传承者和了不起的保护者。文化遗产保护事业，不仅需要各级政府、文物部门以及专业人员承担起使命责任，更需要广大民众的积极参与。民众是文化遗产的创造者、使用者和守护者，是文化遗产的真正主人。故宫博物院也会认真对待每一件捐赠的文物，利用专业特长围绕文物相关的保养、修复、展示与研究展开工作，让社会大众更多地了解那些灿烂文物的意义与价值。

古画会唱歌

你不知道的故宫跨界玩法

大家好，我是单霁翔。46种不同的声音，让你听到不一样的故宫。

今天的声音是《古画会唱歌》专辑里的音乐。

大家刚刚听到的充满古韵的乐曲，其实是根据一幅古画的意境创作出来的。它是故宫博物院2018年推出的《古画会唱歌》主题音乐专辑中的一首。

这些年来，故宫博物院一直在向亲民化和生活化方向发展，希望把意蕴丰厚的传统文化，用年轻人喜闻乐见的形式展现出来。2018年，故宫博物院首次开放了11幅典藏传世名作的授权，联合AI人工智能、唱作歌手和原创音乐人，以这11幅古画为灵感，结合画的时代、内容、意境等特点，进行歌曲创作，用歌曲演唱的方式把名画的内涵表现出来。

这次开放授权的名画来自东晋、唐、宋、元、明等朝代，包括《千里江山图》《清明上河图》《韩熙载夜宴图》《洛神赋图》《听琴图》等大家耳熟能详、文化内涵丰富、绘画技法高超的珍贵作品，其中最古老的一幅名画《洛神赋图》是东晋顾恺之（传）的作品，距今已经有1600余年了。

那么，一幅宏大的古画该如何通过现代音乐表现呢？比如大赛主题曲《丹青千

宋　王希孟　千里江山图卷（局部）

晋　顾恺之（传）　洛神赋图卷（局部）

里》，是以古画《千里江山图》为灵感创作的。

《千里江山图》是北宋天才少年画师王希孟的作品。王希孟原本在画院学画，后来被召入宫中整理文书。热爱艺术的宋徽宗发现了他的绘画天赋，于是就收他为徒，亲自指点他笔墨技法。18岁的王希孟只用了半年的时间就作出了一幅近12米的长卷《千里江山图》献给宋徽宗。

这幅作品集北宋以来青绿山水之大成，画面上江河烟波浩渺、群山层峦起伏，构成了一幅雄浑大气的山水画卷。我们为了表现这幅画的意境，特意请来了著名作词家方文山先生和著名音乐制作人张亚东先生分别作为词曲的主创，创作了《丹青千里》这首歌。虽然音乐是抽象的，但与画作结合，轻逸悠扬地诠释了原画作者那股少年独有的豪情和细腻，展现了中国山水可居可游的境界，既气势磅礴又古雅温婉，用现代人接受的流行音乐的方式，表达了对古画的敬佩之情。

《丹青千里》还制作了MV，选定古画

中几个代表性的场景融入创作。MV生动还原了客堂清话、水车磨粮、鹰峰争翠、雨霁归帆、长桥卧波等场景，每个场景对应不同的主题，比如雅集、劳作、观景、行旅等，凭借对画中生活景象的重新演绎，尽最大可能复原了古画的意境，实现了通过音乐表现千年古画的创意初衷。

2017年午门“千里江山”展览观众排队

大赛开启仅一个月，就收到了500多首高质量的原创音乐作品，400多万人次为这些作品投票，吸引了很多年轻人的关注。

在2018年10月22日的晚上，故宫博物院为这次音乐创新大赛举办了分享会。当晚，入围选手现场演绎了大赛中的优秀音乐作品，为观众带来了别具一格的声画盛宴。

分享会现场（2018年10月22日）

全球首张博物馆和用户共创的音乐专辑《古画会唱歌》也在这次的分享会中正式发布。专辑共收录了14首歌曲，除大赛主题曲《丹青千里》《画中城》《韩熙载夜宴图》外，还收录了优秀参赛选手的11首音乐作品。

这次音乐创新大赛，是故宫博物院的一种尝试，想要用绘画、音乐和科技的结合，去挖掘当下年轻人的创造力，迸发出源自本民族传统文化的力量。有网友说，听完这些歌，“一口气查阅了这十几幅名画的资料，它们的作者、它们的历史，它们是如何饱经沧桑甚至历尽浩劫，又是如何以现在这样完整的面目示人，这是我们的文化，它们是我们的宝藏”。

这也正是我们希望看到的，以往我们总是把古代的艺术品当作一种静态的文物，静静地安置在展柜中。但是时代在变化，博物馆不仅要记录传统文化的面貌，而且肩负着传承与发展传统文化的重任。作为保存中国传统文化的最高艺术殿堂，故宫博物院走过了近百年岁月，收藏了丰富的文化瑰宝。保护之余，我们更希望借助不同的平台，把故宫博物院保存的优秀文化资源分享给大众。

从2013年的“故宫淘宝”开始，故宫博物院就一直在做各种与时俱进的尝试，推出的各种文创产品深受90后、00后等年轻群体的喜爱。

2016年，三集纪录片《我在故宫修文物》，第一次把镜头对准了我们故宫的文物修复师，记录故宫书画、青铜器、宫廷钟表等稀世珍宝的修复过程，向观众们展示了文物修复师如何日复一日打理价值连城的“国宝”。据统计，70%的观众是18岁到22岁的年轻人。这让我很感动。以前我以为他们喜欢蹦蹦跳跳、打打闹闹的片子，而《我在故宫修文物》完全是慢节奏、充满情怀的，却同样打动了年轻人。年轻人能从修复的过程中体会到一种文化精神，这是我们最期盼的。

从2017年开始，故宫博物院还与各大卫视合作，推出综艺节目，让观众对故宫有了更深的了解，同时也把中国的传统文化印在观众心里。综艺真人秀《上新了·故宫》第一季还荣获白玉兰最佳电视综艺节目奖。在这个节目里，有很多故宫未开放的场景首次公开，我们的故宫猫也出镜了。可见通过节目，故宫与老百姓走得更近了。

多年来，故宫博物院一直致力于让文化遗产活起来，通过一系列的跨界合作，与更多新领域、新技术相融合，从传统文化中不断产生新的创意，才能更好地推动传统文化的传承和延续，把优秀传统文化留给年轻人，留给未来。

划船声

数字故宫：永不落幕的展览

大家好，我是单霁翔。46 种不同的声音，让你听到不一样的故宫。

今天的声音，是故宫博物院数字展览“清明上河图 3.0”里的声音。

《清明上河图》是北宋翰林院画师张择端的作品，描绘了北宋都城东京，也就是今天河南开封的热闹景象。在诞生之后的900多年里，《清明上河图》历经战乱，几次被收入皇宫，又多次被盗，有记载的收藏者就有十几人，中间还有300多年去向成谜。20世纪50年代，《清明上河图》被移交至故宫博物院，才算找到了安稳的归宿。

这幅画如此珍贵，却因年代久远而特别脆弱，因此不能经常展示。2015年在故宫展出的时候，观众们蜂拥而至，为了看一眼这幅画，甚至愿意排队6个小时。

为了满足公众对艺术珍品了解和体验的渴望，故宫博物院打造了数字化的“清明上河图3.0”。它融合了8K超高清数字互动技术、360度全息沉浸交互、4D球幕影像等高科技，于2018年落户故宫博物院箭亭北侧。

展馆面积大约1600平方米，设有“清明上河图”巨幅互动长卷、孙羊店沉浸剧场、虹桥球幕影院三个展厅和一个北宋人文空间。

巨幅互动长卷高4.8米、长36米，光是原画就耗费了30多位画师两年的时间，一

观众排队参观“清明上河图 3.0”

“清明上河图 3.0”孙羊店沉浸剧场

“清明上河图 3.0”内景

“清明上河图 3.0”沉浸式体验

笔一划地把图中的人物、车马、船只、树木手工描绘还原。观众在屏幕前可以研究房屋、船舶的精妙结构，甚至看清每个人物的细微表情。

参观完长卷，观众们穿过一座高大的彩楼欢门，便进入到孙羊店沉浸剧场。孙羊正店是《清明上河图》中绘制的一个场景。在宋代能被称为正店的，都是拥有酿酒权的豪华大酒楼。画里的孙羊店，门前用来吸引顾客的彩楼欢门有三层楼高，非常气派。门下有跑堂的迎接客人。这个场景被搬到展览中，利用实体造景、舞台美术、真人表演以及全息技术，打造了360度沉浸式立体空间，让观众全方位地感受北宋时期的市井生活。

接下来来到4D动感球幕影院，放映的影片内容同样取材于《清明上河图》。观众坐在仿古座椅上，随着座椅摇晃，看河水缓缓从眼前流过，就像真的在乘船游汴河。鱼跳出水面时会有水溅在脸上，捕鱼的网就像是撒在了身上，船靠岸时座椅还会震动。

“清明上河图3.0”是故宫博物院在数字化方面的重要尝试，它让珍贵的古画变成可沉浸体验、可传播分享的高科技艺术展演，用数字化的方式让观众“梦回大宋”，国宝文物可以真正地“活”起来。

作为全球受关注最多的博物馆，故宫博物院的目标是成为亿万级博物馆。想要实现这一目标，就得依靠互联网和数字技术。事实上，从1998年成立故宫博物院资料信息部开始，故宫的数字化之路已经走了24年。而在AI、AR、5G等技术高速发展的今天，故宫博物院早已不只是一座现实中的博物馆，更是互联网中的“数字紫禁城”。

很多年前的一部热播电视剧《还珠格格》，让人们了解了漱芳斋的多宝格。这启发我们制作了一个数字多宝阁，在这里可以查阅故宫收藏的186万余件（套）文物信息。观众可以选择自己喜欢的藏品，放大了看，缩小了看，旋转角度来看，甚至分解来看，清晰地欣赏每个细节。越来越多故宫收藏的文物，通过数字化和动画的形式，让人们了解它们的制作和使用方式。

端门数字馆多宝阁

利用数字多宝阁查看展品

故宫博物院还做了数字养心殿。养心殿曾见证了清代8位帝王的工作起居，一直是颇受观众喜爱的参观点。但是自2015年12月起，养心殿暂时关闭，开始百年大修。为了让观众不留遗憾，同时还能够更仔细地体验、发现养心殿中的奥秘，2017年10月10日，“发现·养心殿——主题数字体验展”在故宫端门数字馆全新亮相。

清　胤禛读书图

端门数字馆是全国第一家将古代建筑、传统文化与现代科技完美融合的全数字化展厅。在这里，戴上虚拟现实头盔，观众可以走进虚拟世界中的养心殿，进行高沉浸感的体验，比如可以鉴赏珍玩、亲制御膳、穿搭服饰，还能坐在皇帝的宝座上批阅奏折、盖印。

利用AR、VR等技术，还可以跟大臣们互动，每个大臣都会说500多句话，你说什么他们都会积极为你进言。比如你说一句“我最近胖了”，大臣会说“君子不重则不威”，让人会心一笑。人们还能在寝殿里溜达，对养心殿的前殿和后殿两个空间进行深度探索。乾隆帝的书房三希堂，只有4.8平方米，即便开放展览，也只能进两个人，但通过虚拟现实技术，人们可以走进养心殿，走进三希堂，看到正常情况下看不到、进不去的故宫空间。

利用数字技术，养心殿“活起来”。对于广大年轻观众来说，他们不仅增长了历史文化知识，同时具有很强的参与性和时尚感。年轻人通过数字养心殿，更多地感受传统文化。

类似的例子还有很多，比如微信小程

养心殿前殿明间内景透视图

养心殿东暖阁

养心殿西暖阁

序“故宫：口袋宫匠”“玩转故宫”。现在越来越多的博物馆开始打造科技型博物馆，利用VR等科技手段去展现历史细节，在虚拟的世界中赋予文物新的生命。2003年，故宫博物院创立故宫文化资产数字化应用研究所，通过VR技术实现了迄今为止最大规模、最完整准确的三维紫禁城重构。如今，故宫文化资产数字化应用研究所已经完成7部基于剧场环境的VR作品和互动体验项目。

比如2018年的虚拟现实作品《御花园》，利用三维特效创造性地呈现了御花园的全貌，不仅再现了御花园的建筑场景，还逼真地还原了御花园曾经的各种植被、动物、水池、假山等生态系统，再现了生机勃勃的皇家园林。不仅如此，观众还可以通过VR技术，登临现实中无法赏玩的堆秀山等区域。

经过多年的努力，故宫博物院建立了“数字故宫社区”，研发了原创数字博物馆，深入挖掘故宫博物院藏品的文化信息，凝练成数字文化产品。数字故宫已经成为目前博物馆界最强大的数字信息平台，具备公众教育、文化展示、参观导览、资讯传播、学术交流、电子商务等功能。观众可以坐在家里，轻松浏览故宫美景，购买故宫文创产品。那些没有机会走进博物馆的人，也可以享受博物馆文化，成为博物馆忠实的“新观众”。

拍卖锤声

故宫拍卖复原宫灯的钱去了哪儿

大家好，我是单霁翔。46种不同的声音，让你听到不一样的故宫。

今天的声音是拍卖锤声。

听见这拍卖锤敲下的声音，一些朋友们可能内心在犯嘀咕：故宫里那么多宝贝，难道开始拍卖文物了？

说起故宫文物的拍卖，在历史上确实发生过。清朝灭亡后，溥仪和他的家族失去经济来源，为了继续维持奢靡的生活，甚至将故宫的大量文物收藏进行公开拍卖，还多次用文物作为抵押向银行和商贾借钱，使得难以计数的国宝流落民间。

不过大家不要慌，我今天要讲的故宫拍卖，拍掉的并不是真正的文物，也不是为了故宫自身的收益，毕竟我们无论如何也不可能把博物馆的藏品卖掉。我要讲的是2019年在故宫举办的一场拍卖活动，那次拍卖的主角是故宫博物院复原的万寿灯、天灯、宫灯，所有拍卖所得也都捐赠给了贫困地区。

这次拍卖的复原万寿灯、天灯，曾经竖立在乾清宫前，作为2019年“迎岁贺祥——紫禁城里过大年”的新春活动实景体验部分向大家开放。当时，我们之所以想要举办这样一个新年贺岁展览，是想为观众呈现一个充满年味儿的故宫，把吉祥和祝福传递给每位观众。老北京人常说一句话："到故宫是沾沾王气，到长城是沾沾霸气，到恭王府是沾沾福气。"故宫已经不再是帝王的紫禁城了，那么我们希望，把它打造成一座有生活气息、有人情温度的"大院儿"，也欢迎老百姓们进宫过年，来故宫沾福气。

这次展览，我们动用了整个故宫的开放区域作为展区，还将885件文物用于展览，这样的规模在世界上也不多见。

此外，按照明清两代的宫廷旧制，春节前后要在乾清宫丹陛上下分别竖立起一对天灯和万寿灯，其他宫殿内也要张灯结彩。所以我们把这次展览的重头戏放在了天灯和万寿灯的复刻上。

清朝后期由于国力逐渐衰弱，费财费力的竖万寿灯、天灯活动在道光年间就被取消了，只有灯座留存到今天，所以万寿灯、天灯复原工作并不容易，甚至几度陷入僵局。万寿灯、天灯复制项目共花费了一年四个月的时间，故宫的研究人员考证了清代档案文献，并且对部分废弃已久的宫灯原件进行研究，同时由副院长任万平

20 世纪初　乾清宫外景

带领器物部、宫廷部专业人员和出版社同人辗转江苏苏州、浙江海宁、四川自贡三个地方，充分考察了四座彩灯博物馆、六家彩灯企业，对国内目前彩灯行业的生产现状进行了解，最终选定了最具实力的企业来承接宫灯复制项目。

在制作过程中，我们并没有完全依据古籍记载和残存原件展开复制，而是在细节处进行了改动和变通，比如改良了宫灯的悬挂结构，支撑万寿灯的四根木头原长是二丈六尺二寸，也就是8米多，我们对其进行了一定的缩短，并调小了支立角度，这样就给观众留下了更大的参观空间。除此之外，我们力求最大限度地重现宫灯上

的每一处细节。灯柱上古香古色的龙纹，就是工匠师傅们采用了传统的锻铜工艺技术，用皮锤一点点锻打出来的。

经过精心筹备，我们复原的万寿灯、天灯终于在2019年春节如期竖立在了乾清宫前。这是自1840年宫灯被废除后首次重现，也是历史上老百姓首次有机会亲眼欣赏漂亮的万寿灯、天灯。我认为从各个层面上来看，这都是一项非常具有意义的活动。

为了将这份美好的寓意延续下去，也避免这套文创产品收入库房之后吃灰浪费，在这次展览结束之后，我们做了一个决定：把复原的万寿灯、天灯、宫灯进行公益拍卖，并将筹得的善款全部捐赠。这就是故宫之所以会响起拍卖锤声的来龙去脉。

2019年4月2日晚，故宫万寿灯、天灯、宫灯复原品公益拍卖在故宫乾清宫广场举行。故宫将14件宫灯复原品进行了拍卖，包括复原的天灯一对、万寿灯一对和宫灯五对。

五对宫灯包括一对福磬挂灯复原品、两对葫芦挂灯复原品、两对四方挂灯复原品。

福磬挂灯复原品的形状和传统乐器磬非常相似，上面雕刻着蝙蝠纹样。蝠谐音“福”，磬谐音“庆”，福庆相生，寓意幸福吉庆，是宫中节庆吉祥挂灯。

乾清宫

葫芦挂灯复原品长得像葫芦，缀有红色流苏。葫芦谐音“福禄”，被赋予大吉福禄、福禄康宁、多子多福的美好寓意。据史料记载，葫芦挂灯与万寿灯一起于年节中被悬挂于乾清宫和宁寿宫。

四方挂灯复原品分为两款，一款为红

月台上的叫万寿灯，月台下也有灯座，用以安设天灯，天灯灯座的不同之处就是上面雕刻有小狮子围着圈“跳舞”

底书黄字“丰登、昌盛、安泰、升平”，一款为花鸟图案。四方挂灯是清宫年节时诸多品类的御用挂灯款式之一。在《乾隆帝岁朝行乐图》中，皇帝上方悬挂的就是花鸟图四方灯。

最终，五对宫灯复原品拍得145万元，一对万寿灯复原品拍出800万元，一对天灯复原品拍出1060万元，共计拍得2005万元。

所有这些钱故宫博物院一分一厘都不留，全部用于山西省娄烦县、静乐县，内蒙古自治区阿尔山市，广西壮族自治区巴马瑶族自治县等贫困地区的教育和文化事业。尽管这笔钱并不多，但博物馆向来都是受人捐赠的一方，如今我们终于强大到可以帮助别人了，这让我感到欣慰和自豪。

近些年，故宫开发的文创产品也在不断走红，每年可以创下十几亿的销售额。想必大家都很好奇，故宫文创产品赚的这些钱用到什么地方了？曾经也有人这样问过我。其实答案很简单：用到了故宫的事业发展上，其中一部分和宫灯拍卖所得一样用于公益事业。

故宫博物院作为差额拨款单位，只能想办法挖掘自己的文化资源。我们的文创产品走红后，除了将每年的营销收入用于宫内文物维修保护和基础设施建设之外，我们还把钱投入到给孩子们的教育事业上。前几年，故宫开办了上万场教育活动，都是可以免费参加的。我们还和学校合作，研究开设与传统文化相关的综合实践类课程，比如教孩子们动手穿朝珠、画龙袍、做拓片等，既好玩儿又能学知识，这也是免费的。故宫把营销收入投到孩子们的教育上是很值得的，希望这些活动能从小培养起他们对中华传统文化的兴趣，让他们成为了解、热爱并传承中华文化的一代人。

邮戳声

国际博物馆日：穿越古今，探寻未来

大家好，我是单霁翔。46种不同的声音，让你听到不一样的故宫。

今天的声音是盖邮戳的声音。

不知道观众们有没有注意到，在故宫还能找到邮政服务。

故宫博物院曾是世界上唯一一年接待观众量将近2000万的博物馆。在这么多的观众面前，故宫博物院一直是开放的，与社会各界分享独一无二的传统文化。2013年，故宫博物院与中国邮政合作，在太和门咨询中心、神武门西侧和西华门各安放了一个邮政投递筒，为参观故宫的观众们提供投递服务。大家可以把带有故宫风格的明信片、纪念封等邮品盖上故宫专用的纪念戳投入邮筒，把一份特殊的记忆，保存下来，传遍世界各地。

在5月18日的开通仪式上，我把第一张加盖了“故宫博物院”邮戳的首日封，寄给了台北故宫博物院院长冯明珠。为什么选在这一天开通呢？因为5月18日是博物馆界的节日——国际博物馆日。博物馆起源于公元前3世纪前后的埃及，人们在亚历山大城里修建了一座专门收藏文化珍品的缪斯神庙。“博物馆”一词，也是由希腊文的“缪斯”演变而来的。

1977年，国际博物馆协会宣布，把每年

邮政服务开通仪式（2013 年 5 月 18 日）

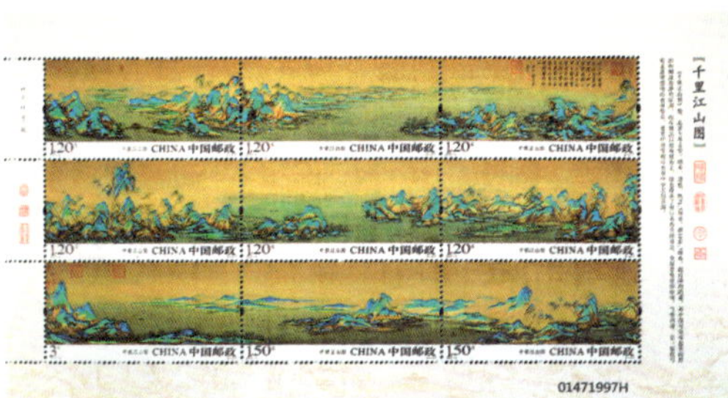

《千里江山图》纪念邮票

乾清门纪念邮票

角楼纪念邮票

故宫博物院六十年院庆纪念邮票

的5月18日定为国际博物馆日。世界各地的博物馆都会在这一天举办活动，每年通过不同的主题，吸引全社会对博物馆事业的参与和关注。

故宫博物院非常重视国际博物馆日，每年都会举办包括展览、讲座、游学、音乐会、新品发布等各种形式的主题活动。2016年国际博物馆日，故宫博物院举行了“点亮历史”中轴线原状展厅室内照明启动仪式。当天，紫禁城中轴线上的太和殿、坤宁宫的室内照明系统全部开启。

储秀宫原状展陈照明启动仪式

启动照明设备之后的效果

原先室内光线不足

隐蔽的照明设备

“点亮历史”活动对故宫来说是个新的挑战。故宫中轴线上的宫殿里设计了原状陈列，严格遵循历史记载陈设布置，但是为了保护文物，一直没有照明设施。所以以前大家到故宫，扒着窗户往里看，漆黑一片什么也看不见，观众很难感受到当年宫廷生活的华丽与威严。

为了解决这个问题，故宫博物院成立课题组，邀请了曾经为卢浮宫做展览设计的法国著名展陈照明设计大师参与，对2014年全年的日光数据与殿内光照数据进行采集分析，结合每个宫殿的建筑特点和功能，在经过多次的试验论证之后，设计出最大限度贴近自然光照效果的方案。

这个方案选择了专业的博物馆LED灯具，对影响文物安全的紫外线指数、红外线指数、散热度等因子进行严格控制，不仅确保了展陈文物和古建筑的安全，同时还考虑到设备的可移动性、可逆性和隐蔽性，更难得的是，这些设备还增加了故宫元素的装饰设计。在新的照明系统下，文物建筑得到了保护，同时观众更清楚地看到了宫殿内的原状陈列，更有尊严地欣赏传统文化。2016年博物馆日的主题是“博物馆与文化景观”，我们的“点亮”行动使故宫的原状陈列真正成为一种文化景观。

一些重要的大展也会选在国际博物馆日开幕。

故宫与景德镇合作对明代御窑瓷器进行了深入全面的研究，取得了重要成果，从2015年开始联合办展，将明代御窑瓷器研究的成果向社会公布。了解明代瓷器的朋友们可能知道，正统、景泰、天顺三朝被称为“空白期”，大家对这一时期的瓷器认识比较模糊。所以在2018年的博物馆日，故宫博物院与景德镇联合举办“明代

“明代正统、景泰、天顺御窑瓷器展”开幕式及展厅内景（2018年5月18日）

正统、景泰、天顺御窑瓷器展”。这是国内首次以这三朝御窑瓷器为主题的展览。展出的215件组瓷器中，有100件是在景德镇御窑遗址出土的，经过发掘、整理、修复，第一次对外公布。其中有一组青花云龙纹大缸残片，修复后龙缸口径有70多厘米，高80多厘米，形体之大，在明代也罕见。这种大缸主要为了储水救火，但是因为烧造成本太高，技术难度非常大，又容易损坏，所以逐渐被铜缸、铁缸替代了。

再说说游学实践。2018年5月18日，故宫博物院组织学生在太和殿三层汉白玉须弥座上开展了“我在故宫洗石头——石质文物清洗保护体验”活动。

我们都知道汉白玉石光洁纯白，含有闪光晶体，所以在皇家建筑中经常使用。但是石头是会“呼吸”的，这些汉白玉石料上布满了细微的孔隙。经过600年风霜之后，这些孔隙积土积灰，微生物在表面滋生，汉白玉石渐渐失去了往日的风采。有些因为水锈结壳，导致表面“锈迹斑斑”；还有一些不文明的参观行为造成污染，比如口香糖污染，以及人们长期抚摸造成的油脂沁入，形成了所谓的“包浆”等。这些都成为石质文物的病害，文物得了病，遗产的价值就慢慢流失。

所以在活动当天，我们的专家讲解了石质文物的知识，告诉大家如何清洗与保护，同学们实地参与了太和殿汉白玉须弥座的清洗与保护。通过学习、观摩、体验，他们不仅近距离地感受了文物的魅力、了解文物保护知识，更提高了对文物的保护意识。

学生是祖国的未来，故宫博物院一直把对学生的教育作为工作的重心。2016年的博物馆日，故宫启动了“故宫博物院教育中心”项目，在紫禁城内开办教育课堂，常年面向中小学及社会公众推出专题教育项目。此外，每年国际博物馆日，还会特别邀请一些特殊儿童、中小学生来到紫禁城，通过主题参观、互动课程、文物保护体验等活动，切身体会文物和中国文化的魅力。这样的活动也一直延续到今天。

国际博物馆日，不仅是博物馆和博物馆

20 世纪初　太和殿前丹陛石

人的节日，更是博物馆向公众敞开大门、让更多人了解博物馆和传统文化的日子。博物馆作为连接过去、现在、未来的桥梁，浓缩了一座城市、一个国家甚至一个文明的精华。希望大家通过故宫博物院这些有趣好玩的活动，领略中华民族的辉煌历史，更加了解这座城，爱上这座城。

车轮声

外宾也要步行进门

大家好，我是单霁翔。46种不同的声音，让你听到不一样的故宫。

今天的声音，就是我们如今在故宫内很少能听到的声音——车轮声。

车轮声听起来好像跟故宫不会有什么关联。其实，为了运输物资，车与紫禁城一直有密切关系。清代就有各种运输物资的车子从外城进入内城再到紫禁城，比方说从西直门进入的水车，从东直门进入的木材车，还有从朝阳门进入的运粮车等。

民国时，故宫经历了人类史上最大规模的文物迁徙。1933年2月5日，为防止国宝文物毁于日寇手中，故宫人顶着舆论压力将文物南迁。当时有10多辆汽车和300多辆人力排子车开进神武门。故宫职员给每辆车都粘贴上号志，每个汽车司机、木板车工人都在胸前别上一枚圆形纸质“吉”字徽章，作为保证安全的标识，也是对文物南迁路上吉祥平安的衷心企盼。为安全起见，一直等到天黑，装满文物的车才悄然从太和门开了出来，向正阳门外的火车西站（1958年拆除）进发。

之后，故宫人用极大的毅力护送文物一路迁徙，运出宫的文物总计13427箱又64包。这些文物于1933年初分五批到达上海，之后转移到南京文物保存库，又经西迁，直到1950年才陆续回到故宫博物院。

文物箱准备装车

“故宫文物南迁史料展”展厅内景

数以万计的国宝在战火中跨越两万里路程、历时十多年光阴，最终得以基本完整保存。这一行动护住了中华文明的根脉，可以说是对绵延5000多年的中华文明的一份尊重。

如今，故宫作为中华文化对外交流的一张名片，又迎来了外宾前来参观的车辆。不过，2013年的一则公告，打破了外宾乘车进故宫这一维持了60年的礼遇。

大家可能听说过这么一则报道。2013年，法国总统奥朗德参观故宫时，他的车队停在了午门外，然后步行进入午门参观。

这是什么原因呢？我先给大家介绍一下。2013年以前故宫博物院接待外宾，车队都是从午门中间的门洞进入故宫博物院，停在太和门前的内金水桥南侧。外宾下车开始参观，随行的车队行驶到故宫神武门内的广场西侧等待。外宾参观结束后，再乘车由神武门离开。

但是，很多到故宫参观的外国领导人，由于他们坐在车内，明明已经进入紫禁城了，还在问故宫怎么还没到。下车以后还会问助理，到故宫哪里了。这让我们觉得，因为我们这种接待的方式，使得外宾没有机会了解故宫悠久的历史，我们的文化遗产也没有得到足够的尊重。故宫代表了中华悠久历史和灿烂文明的最高成就，她应该是有尊严的。

而且，午门正面有三个门洞，当时买票的观众只能从两边的门排队安检、验

午门三个门洞都对观众敞开

票。中间的门留给外宾车队通行，以此作为礼遇。经常看到观众们在午门两边的小门洞前面排着长队，中间的大门开着却不能通行。那么国外博物馆的情况如何呢？英国的白金汉宫、法国的凡尔赛宫、日本的皇宫也都有外宾参观，但是这些地方从来没有给任何人如此礼遇。为什么中国的紫禁城，作为世界文化遗产的故宫就能乘车长驱直入呢？于是，故宫博物院就发布了公告，规定机动车一律不得驶入午门。

发布公告不难，但是真正执行起来还是需要勇气的。2013年时任法国总统奥朗德来故宫参观的那天，我提前到了午门。安保人员已经就位，很明显是准备为车队开门开道的架势。我说故宫博物院已经发布了公告，任何参观车辆都不能开进午门。但是说明情况以后，安保人员还是在午门内布岗。情急之下，我们就把大门给关上了。

过了几分钟，奥朗德总统的车队抵达午门前，他在外边下了车，然后我迎上去为他讲解了午门的故事。他仰望着雄伟的午门，已经感受到紫禁城的壮美气势。然后，我陪着奥朗德总统一行兴致勃勃地从午门门洞步入紫禁城，开始难忘的文化之旅。从那以后，故宫就彻底取消了外宾车队驶入午门的惯例，午门正面的三个门洞也都对观众敞开了，大大提高了通行能力。我们又改革了安检验票的程序，人们进入故宫博物院不再需要排长队了。

同年10月，81岁的印度总理辛格参观故宫。有关部门提出能不能让腿脚不太好的辛格总理坐汽车游览。我们表示，由于法国奥朗德总统率先不坐车进入故宫，现在不能再开车进入午门。于是有关部门从钓鱼台国宾馆借了两辆电瓶车，请辛格总理从西华门进入故宫，一路乘车参观，整个参观游览过程非常愉快。

我始终认为，参观故宫博物院最重要

步行进入故宫

的就是获得独特而又难得的文化体验，这种体验也一定会使两位外国元首终生难忘。如此改变以往的外宾接待方式，不仅有利于丰富外宾的参观体验，也能保证观众们的安全，最重要的是，有利于维护故宫这处世界文化遗产应有的尊严。

我在2012年担任故宫博物院院长时，曾许下承诺，要守护一座有尊严的故宫。什么是有尊严？我认为，首先是保证文化遗产处于健康的状态。其实早在2013年4月，故宫博物院就启动了“平安故宫”工程，目的就是为了实现故宫博物院的事业全面可持续发展。

但是我们还认为，故宫博物院不仅要重视文物保护，也要重视观众的体验，让观众在参观过程中感受到人文关怀，让文物和观众都更有尊严。为什么特别强调“尊严”这两个字呢？因为有一件事给我留下很深的印象。

当时有一位应该是西北来的老汉，一手拿着现在人们都不再使用的那种行军壶，里面装着热水，一手拿着从家乡带来的馍，坐在故宫的台阶上吃。我想这位老汉可能都舍不得去饭店吃一顿饭，节衣缩食也要来故宫看看，感受中华传统文化。每当看到这样的场面，我内心都感到强烈的震撼。很多人是一辈子只来一次故宫，如何能够改善观众的参观体验，让他们更有尊严呢?

我们做出了很多努力。比如，在实行网络购票以前，曾经开设30个售票窗口，保证观众能在3分钟内买到票；调整男女厕所比例，女士们上厕所不再排长队；设置座椅、树凳，可以满足上万名观众同时在各处坐下来休息……这些都是故宫博物院改善观众体验的做法。

最后，也希望朋友们来故宫参观时，能够爱护公共文化设施，珍惜与文物对话的机会，都能收获一段难忘的回忆。

上元之夜的戏曲声

点亮不一样的故宫

大家好，我是单霁翔。46 种不同的声音，让你听到不一样的故宫。

今天的声音是上元节戏曲的声音。

我们刚刚听到的，是故宫“紫禁城上元之夜”活动中庆祝元宵佳节的曲目。

观灯听戏，一直是明清两朝皇家庆祝元宵节的保留节目。元宵节，又称上元节、元夕或灯节。因为是新一年中的第一个月圆之夜，所以庆祝元宵，其实就是新年庆典的延续。

按照民间传统，上元节这天人们除了吃元宵，还会举行游乐、观灯、猜灯谜等活动，非常热闹。

灯会最早源自东汉的宫廷。到了唐代，元宵张灯成了法定的节日。唐代实行宵禁，平时晚上不允许出门，但上元节前后三天，特别规定取消宵禁，以便人们可以出游赏灯。所以这三天时间非常宝贵，无论是王公贵族，还是平民百姓，一定会趁这个机会出门，游玩赏灯。整个长安城到处人潮汹涌。

到了宋代，元宵节张灯时间不仅延长到了五天，而且更加热闹。就像欧阳修诗里说的“去年元夜时，花市灯如昼”，描绘的就是上元时节花灯遍地、恍如白昼的场景。

明代的元宵灯会时间最长，从正月初八开始张灯，直到正月十八才落灯。宫廷也会举办一些有趣的活动来庆祝佳节，比如燃放烟火、搬演剧目、表演杂技等。还会在午门城楼上悬挂盏盏彩灯，午门外安设巨大的鳌山。鳌山是古代的一种灯景，用千百盏彩灯堆叠成小山的样子，最高可以叠到13层，远远望去，就像传说中的大鳌，非常亮眼。明成祖朱棣迁都北京后，曾经微服出行参加京城的灯会，现场出灯联与民同乐。而在传世的《明宪宗元宵行乐图》中，可以看到，明宪宗朱见深在大臣宫眷的簇拥下，观赏各种节目。身旁的皇子皇女们有的提花灯，有的点爆竹，特别喜庆热闹。

不过，大家都知道，紫禁城是世界上最大的木结构宫殿建筑群，在宫里使用明火，是非常危险的。明朝就因为燃放烟花引发过火灾。所以到了清代，紫禁城内严格禁火防火，还有严厉的惩罚措施。元宵节期间，紫禁城里虽然也是张灯结彩，但是不再举办大型灯会。宫里的人都到地势空旷的圆明园去燃放烟花了。

清朝的皇帝肯定想不到，几百年后，2019年的元宵节，2月19日、20日这两天，故宫博物院做了一次大胆的尝试，利用高科技灯光秀重新点亮了故宫。

这次活动叫作“紫禁城上元之夜”。活动范围涉及故宫博物院的午门展厅、太和门广场、东城墙、神武门等区域。观众可以通过公共预约平台进行预约。

故宫博物院的准备工作非常迅速高效。接到办灯会的提议时，已经是除夕了，经过三天的策划，从正月初四开始筹备，用了8天的时间制作花灯，前后一共奋斗了12天。故宫博物院第一次成功举办了在夜晚接待观众的上元灯会。

“紫禁城上元之夜”活动，一举完成三个首创：一是故宫博物院近百年来首次举办灯会；二是紫禁城古建筑群第一次在夜间被大规模点亮；三是故宫博物院首次在夜间向公众开放。

听说可以夜游紫禁城，人们特别激动，预约非常火爆，一度造成故宫门票预约系统陷入“瘫痪”。灯会前一天晚上，工作人员正在调试效果的时候，很多人闻

“紫禁城上元之夜”活动现场

讯赶来，迫不及待地想先睹为快。灯会期间，故宫北面景山公园的万春亭，作为俯瞰故宫的最佳位置，也被摄影爱好者和媒体记者们占满，各种“长枪短炮”对准了被点亮的紫禁城。

灯光秀点亮了夜间的故宫。观众们不仅可以看灯，还可以欣赏故宫不为人知的一面。经过600年的积淀，这些金碧辉煌的建筑非常壮美。夜幕降临的时候，故宫古建的黑色剪影特别迷人。现在，一座座雕栏画栋的宫殿在灯光的照耀下，别具特色，美轮美奂。

活动当晚，观众们从午门入场后，首先观赏到的是太和门广场的灯光秀。在这里，康熙皇帝、雍正皇帝、乾隆皇帝、嘉庆皇帝、道光皇帝的御笔“福”字轮番映出。

接下来，观众们从午门西马道登上城楼，沿着350个红灯笼点缀的城墙继续前行。此时，在城墙南北两侧建筑的屋顶上，显现出《清明上河图》《千里江山图》的投影。以屋顶为纸，以灯光为笔，传世名画徐徐展开，效果非常惊艳。人在墙上走，如在画中游。

观众们经过东北角楼走下神武门时，宫墙上又会展现出描写元宵节的各种诗句。到这里，紫禁城上元之夜的路线才算走完。

上元夜不仅有灯光秀，故宫的畅音阁大戏楼还演出了《天女散花》《贵妃醉酒》《大闹天宫》《夜深沉》等京剧片段。畅音阁是紫禁城内最大的一座戏台，始建于清乾隆时期，分为“福”“禄”“寿”三层戏台。平常绝大多数戏码只在底层上演。但是这次为了让观众在城墙上也能欣赏到戏楼上的表演，演员们开创了单独使用最高层“福台”演出的先例，这在畅音阁200多年的历史上恐怕也是第一次。

值得一提的是，故宫的这次活动没有收费，除了成功预约的几千名观众以外，还专门邀请了劳动模范、北京榜样、快递小哥、环卫工人、解放军和武警官兵、消防指战员以及公安干警等各界代表，大家

“紫禁城上元之夜”活动中畅音阁的演出

清宫旧藏戏曲演出道具

同赏花灯，共庆元宵佳节。

筹备这么大的一场活动，安全问题是重中之重。为了稳妥起见，这次的灯光只点亮了故宫的部分建筑，太和殿等重要建筑没有打灯。在活动策划阶段，大家充分考虑到照明对古建筑可能造成的影响，通过设置不同强度的灯光，产生光影对比，最终达到“见光不见灯”的布光效果，既满足了灯光设备的安装要求，又保证了不会损害文物本体。

故宫既是博物馆，也是景区，在文旅融合方面，已经做出了一些成绩。同时，受益于多年来持续的古建筑修缮工程，很多建筑得到了修复。如果没有这些先决条件，就无法呈现出此次完美的夜间景观。

作为“紫禁城里过大年”系列展览的收官之作，“紫禁城上元之夜”的意义不仅是一场满足公众文化需求、心理需求和情感需求的赏灯活动，而且用唱响戏曲这种更加接地气、更有人情味的方式，让大家听到了故宫，阐释了中国的传统节庆，让大家感受到故宫独特的魅力。

叫卖声

皇宫里为何出现了市集

大家好，我是单霁翔。46 种不同的声音，让你听到不一样的故宫。

今天的声音，是故宫里一种比较稀奇的声音——叫卖声。

听到叫卖声，朋友们脑海里可能已经有了画面吧？在集市里，总有卖东西的小商小贩摆着摊子高声地吆喝。其实，这种带着烟火气息的画面，也曾经出现在大家心中“高冷”的皇家宫苑里。

在明代，皇城内定期设立集市，也就是“内市”，是为宫廷内外互通有无而特许设立的交易市场。农历当月逢四在紫禁城玄武门外开市，交易的货物除了日用品外，还有规格、档次很高的古玩，汇聚了大量奇珍异宝、文玩古董，外人难得一见。

历史上有一些皇帝，还在宫中仿照民间街市的样子建店铺。汉灵帝刘宏、南朝的宋少帝刘义符、南朝齐的第六任皇帝萧宝卷、明武宗朱厚照，为了玩乐，都干过类似在宫中开设市集的事。他们让宫女、太监扮成商贩或者顾客，假装交易。乍一看，宫中的“街市”上，做买卖的使劲吆喝，买东西的精挑细选，吵吵闹闹的与民间街市没什么区别。有时候皇帝还会亲自上阵，穿上商贩的衣服，假扮摊主与顾客讨价还价，不亦乐乎。

相比之下，清朝乾隆皇帝开的集市算

得上正规了。

圆明园福海之西有一个同乐园，乾隆皇帝喜欢在春节时请群臣在这里看戏，同时会开设一条宫中买卖街。买卖街仿照外面集市，有卖古玩的、卖衣服的、卖水果蔬菜的，还有茶店、饭馆、酒家等，应有尽有，甚至还有携着小篮子卖瓜子的小商贩。

凡是当时外面集市上有的珍宝奇货，在这里都能买到。那些在买卖街里售卖的古玩等器物，会在每年开市前从外城有信誉的店铺中采买，采取代售的方式，双方商定好价格，写成文书后画押。物品连同标明了价格的册子一同交进同乐园。如果物品在买卖街卖掉，就按照标明的价格付给外面的店铺，那些没有卖掉的就原物返还。

在买卖街上开店的人都是宫中的太监，而饭店里跑堂的由从外城饭馆里挑选的声音洪亮、口齿伶俐的伙计充当。每当乾隆皇帝经过店门时，跑堂的唱菜、店小二报账、掌柜者核算……各种声音一起响起，此起彼伏，热热闹闹。

为了使买卖街更加热闹红火，乾隆皇帝还特意允许各大臣也前往观赏。所以王公大臣们会来捧场，购买商品，然后顺便看个戏、聚个餐，跟在民间一样。等到傍晚时分，大臣们退出，宫内女眷也可以来凑凑热闹，买点东西。

据说某年正月，乾隆皇帝陪同固伦和孝公主逛街时，公主看好了一件鲜艳的红衣服。乾隆皇帝还打趣道："可向你的丈人要。"当时，公主将要下嫁和珅的儿子，和珅正好在场，就赶忙掏出二十余金买了这件衣服赠送给公主。

等乾隆皇帝当太上皇的时候，同乐园的买卖街仍在延续，每年还照常营业九天。但随着时间的变化，一些太监谎报进价，以次充好，趁机中饱私囊，一些大臣趁机行贿后宫妃嫔，造成了诸多弊端。乾隆皇帝晏驾之后，嘉庆皇帝就彻底取缔了买卖街的营业活动。

如今，故宫早已不再是守卫森严的皇宫禁地，而是一座面向全世界的博物院，向所有民众敞开怀抱。越来越多的人，特别是年轻人愿意走进故宫，去感受故宫所蕴含的传统文化的魅力。故宫博物院也一直努力通过创新的方式，把所积淀的优秀历史文化分享给更多的人。

2019年1月28日到2月10日，曾经在历史上出现过的紫禁城集市，带着俗世烟火气的叫卖声，重新出现在了故宫里。故宫举办的“中华老字号故宫过大年展”，让观众体验了一把清朝年俗买卖街的热闹。

来自北京、上海、天津、山东、河南、山西、吉林、江苏、浙江、安徽10个省（直辖市）的150家老字号，打破地域限制，汇聚到了一起。展览地点在慈宁宫花园、慈宁门外广场以及隆宗门外广场，聚集成了三条年味十足的年货街。不过跟历史上的皇家集市不一样的是，明清时期紫禁城集市服务的是皇家贵族，故宫博物院举办的集市是惠及百姓的。观众们可以凭故宫博物院门票免费参观展览。

展览上有各地非物质文化遗产技艺展示和各地老字号产品，涵盖了文房用具、生活用品、特色美食、保健食品、糖果、茶叶、酒类、丝织品、服装、首饰、玉器、文化创意类工艺品、非物质文化遗产工艺品等十多个类别，比如阿胶、老酒、绸缎、茗茶、漆器、珐琅、徽笔、歙砚等。

“紫禁城里过大年”展览期间故宫内设置的“福”字雕塑

“紫禁城里过大年”主题展上的风车

观众可以骑上“凤凰”自行车，手里举着风车，嘴里含上一块奶味儿十足的大白兔奶糖，一边逛一边吃一边买。当时还有来自80个国家的大使云集故宫，参观“过大年”展览，享受中国故事给他们带

山东省非物质文化遗产

来的不一样的感受。北京老字号品牌展位特意给大使们准备了“2019北京跨年促销节”的福袋。当时，我的好朋友、希腊的驻华大使也在展览上买了很多年货，两只手都拿不下了。

“中华老字号故宫过大年展”是一次纯公益的展览，故宫博物院没有收取“场地费”“摊位费”，但是与参展的各中华老字号企业“约法三章”：一是确保故宫文化遗产安全，爱护古建筑和历史环境，

老字号参展商现场写对联

绝对不能把打火机等火源带进故宫博物院，现场也不能用火用电；二是维护中华老字号名誉，发扬诚信等传统美德，确保老字号商品尤其是食品的质量安全；三是热情服务中外观众，礼貌待客，参展人员统一佩戴证件、统一着装，展现良好精神风貌。

对传统文化的继承和发扬，最好的方式就是让它回到民众之中。过去，观众到故宫可能主要是看看宫殿、文物、展览，现在还可以到故宫喝咖啡、拍照打卡，甚至在故宫过年、逛集市、买年货。故宫与现代社会走得越来越近，跟民众的生活越来越贴近，这样才是让文物、让传统文化真正地“活”起来吧。

管风琴声

移动的故宫来到海岛

大家好，我是单霁翔。46种不同的声音，让你听到不一样的故宫。

今天的声音是管风琴声。

熟悉音乐的朋友应该能听出来，这是管风琴演奏出来的音乐。

管风琴并非中国传统乐器，而是典型的西洋乐器，有“乐器之王”的称号。不过可能很多读者并不知道，故宫博物院收藏的宝贝中就有管风琴。而且有趣的是其中保存最完整的一架首次亮相并不是在故宫，而是到了厦门的鼓浪屿才与大家见面。

这是怎么回事呢？

其实，这正是这些年来故宫博物院“让故宫走出去”“让文物活起来”的各种努力和尝试中的一个小例子。

想来大家都有这样的感受，每逢节假日，故宫都是“人满为患”。故宫在全国最易拥堵的景区中基本上稳居前三。

这也是没办法的，大家都想来看故宫，自然就拥堵。怎么才能让更多的人看到故宫、体验故宫？近年来，故宫博物院在全国范围内推出了上百项展览，正所谓“移动的故宫，走出去的紫禁城”，用多种方式使故宫文化“飞入”寻常百姓家。

这主要有两条支线。第一条线是故宫博物院在部分省区市“扎下了根”。其中

故宫鼓浪屿外国文物馆

故宫鼓浪屿外国文物馆里的管风琴

就包括由故宫博物院与厦门市合建的故宫鼓浪屿外国文物馆，以及在香港西九龙建立的香港故宫文化博物馆。

故宫鼓浪屿外国文物馆是故宫博物院在地方设立的第一个主题分馆。2017年，咱们开头说的那件从未展出过的管风琴，和西洋的轮船式风雨表、日本的七宝烧瓶等故宫博物院收藏的外国文物一起，从北京来到素有“音乐之岛”美誉的鼓浪屿，在故宫鼓浪屿外国文物馆展览上首次亮相。

这架管风琴诞生在巴黎，深得溥仪喜爱，已经有百岁高龄。琴身造型优美，正面装饰描金花卉纹，色彩绚丽。用摇把上弦后，在机械带动下，气体密闭在风箱中。风箱上竖立的木哨、金属哨管、喇叭在气流冲击下能发出声响，可演奏九首乐曲。而柱子上站立的一男一女可配合活动，手持小锤敲击铃铛演奏。

大家都知道，管风琴一般体积比较庞大。这架管风琴也是，它高2.3米、宽1.5米。这样庞大的文物移动起来是比较费事的。除了费事外，又比如一同展出的日本的七宝烧瓶，这样的文物移动起来是很担心造成破损的。为了让文物走出故宫，让更多的观众能够看到它们，故宫博物院的

故宫鼓浪屿外国文物馆内景

工作人员不辞辛苦做了很多准备工作。

首先进行的就是“点交”，也就是在文物移交方、文物接收方和专业运输公司三方到场后，工作人员将文物开箱放置在铺着绒布的点交台上，交接各方根据清单和资料，逐一比对文物现状。这个过程中任何一丝裂缝、斑点都必须记录在案，拍照留证，并且各方签字确认，以便日后文物归还时再次进行比对。

点交完成之后，将文物重新包装装箱。那可真是层层加固。每件文物的包装都不一样：为了避免表面磨损，都会根据文物的质地，先用无酸纸做贴身保护；再根据文物的大小形状，将PE板，也就是一种软性材料切出一个“合身”的模子，文物被放在这样的模子里，再放置于木盒或锦盒内；就连最外面的包装箱也有讲究，由特制的木板制成，具有防潮、防虫等功能。

正是因为有这样仔仔细细全方位保护的包装，故宫博物院的珍贵文物才能顺顺利利走出宫门，让更多的观众欣赏到。

第二条线，是故宫博物院向国内各地区推出了数量相当庞大、种类相当繁多的展览，走向全国各地。

比如2016年，故宫启动了百余年来首次整体的维修保护工程，故宫养心殿区域开始进行全封闭维修保护，给许多想看看养心殿真容的观众带来遗憾。为了弥补这种缺憾，我们将养心殿的文物组成主题鲜明的展览，陆续在首都博物馆、南京博物院、山东省博物馆等地方博物馆举办了“养心殿巡回展”。展览秉承着让观众“走进养心殿”的宗旨，最大限度还原了养心殿各区域的原貌，让观众走进展厅，就仿佛走进了养心殿。以2017年在南京博物院举办的“走进养心殿——大清的家国天下”展为例，共展出养心殿文物279件，复原了正殿明间、西暖阁、东暖阁、三希堂和佛堂五个场所。当时展期三个月，观众热情一直不减。

可能经常看电视剧的观众会注意到，雍正皇帝以后的清朝皇帝都在养心殿居住，皇帝一般召见大臣处理政务都是在养心殿正殿中部——中正仁和殿。在电视剧里这个地方出镜率很高，中央高悬的“中正仁和”牌匾，是雍正皇帝的御笔。“养心殿巡展”所复原的正殿明间，就能看到这个牌匾。此外还有分类展示，讲述养心殿造办处、十全老人、垂帘听政等十个单元故事。比如东暖阁是皇帝休息和每年举行开

南京博物院“走进养心殿——大清的家国天下展”内景

清　金瓯永固杯

养心殿三希堂内景

笔仪式的地方，也是晚清掀起巨大风暴的地方，慈安和慈禧两宫太后垂帘听政就在这里。东暖阁的案头有个金瓯永固杯，可能很多人都有耳闻。金瓯永固杯是清朝乾隆皇帝及以后的皇帝专用的饮酒器。故宫博物院所藏的这只，外壁满錾宝相花，花蕊以珍珠及红、蓝宝石为主。两侧各有一变形龙耳，龙头上有珠。外形呈鼎式，杯身共镶有大小珍珠11颗，上等红、蓝宝石21颗，红色、粉红色碧玺4颗。杯口边铸有“金瓯永固”“乾隆年制”篆书款识。每年元旦凌晨子时，皇帝都要在养心殿，把注满屠苏酒的金瓯永固杯放在紫檀长案上，然后亲自点燃蜡烛，提起万年青毛笔，书写祈求江山社稷平安永固的吉语。因此这个杯子成了清代皇帝珍贵的祖传器物。

养心殿的西暖阁则有乾隆皇帝的书房三希堂，不大的空间内陈列着许多珍贵文物。历史上三希堂收藏了很多名家真迹墨宝，比如王羲之的《快雪时晴帖》、王献之的《中秋帖》等。乾隆皇帝是中国历史上实际掌权时间最长的皇帝。他自认为开创了十全武功，自称“十全老人”，并刻制了一枚“十全老人”的印。这枚印章在养心殿巡展中也可以看到。

这正是我们一直倡导的“移动的故宫，走出去的紫禁城”，让故宫文化飞入千千万万的寻常百姓家。

辑五

猫叫声

故宫里的『猫保安』

大家好，我是单霁翔。46种不同的声音，让你听到不一样的故宫。

今天的声音有点特别，是来自我们故宫猫的叫声。

如果大家来到故宫参观游览，经常会在各个角落见到这些小猫的踪影。故宫里的猫很多，可能你看到它们有的正懒洋洋地趴在地上晒太阳，有的在向游客撒娇，还有的在巡视自己领地。最近几年，一些有经验的网友还在网上发布了故宫猫分布图，很多观众会特意带着猫粮来到故宫。实在没法来故宫的朋友，还会给猫咪们寄猫粮，从东北到南方都有，有的包裹指定延禧宫的猫收，有的指定慈宁宫的猫收。有网友开玩笑说："下辈子想活成故宫的猫。"

网友们喜欢我们的故宫猫，连带故宫猫的文化创意产品也受到大家的喜爱。

之前故宫文化创意产品店出了一款限量手提袋，上面印了一只叫"金宝"的猫咪的画像。刚刚上市，500只手提袋就被抢购一空。当时有两只猫，本来一只起名叫"招财"，一只叫"进宝"。但是不知道怎么回事，大家叫着叫着，就把"进宝"叫成了"金宝"。可能因为它的颜色黄白相间，叫金宝更加符合它的形象吧！

我们有一个专门给故宫里的猫登记身份的册子，目前登记在册的猫已经有180多

20 世纪初　文绣逗猫老照片

只，它们都有自己的名字和档案。这些猫可以在各大殿之间随意穿梭，饿了有充足的猫粮享用。

其实从20世纪90年代开始，故宫博物院的员工们就经常自费给这些猫做绝育手术、治病。这样的习惯一直延续到现在，老员工退休了，就由有爱心的年轻人接班养。东华门几个岗亭值班室总备着不锈钢碗，冬天故宫的河水结冰，猫喝不到水，值班人员便定时倒些温水放在门口。故宫里的猫大部分是流浪猫，既然它们选择来故宫落脚，我们就希望它们能够在这里快乐地生活下去。

比如说有一对猫咪情侣，女孩儿叫妞妞，男孩儿叫棒棒。妞妞第一次生了七胞胎，生小猫时外面下着大雨，棒棒一直待在门外守着，还时不时探头往里面看，大家都特别感动。这七只小猫里面有两只夭折了，棒棒对剩下的五个孩子特别慈爱，每天舔舔这个，闻闻那个。这五只小猫长大后被各个部门收养，分散在故宫的不同区域。妞妞第二胎生了五只，大家也都很积极地争着领养，并且给妞妞和棒棒留了一只小猫。它们一家三口总是一起出现，过往的游客见到了都能感受到它们家庭的幸福。

故宫里的猫，有不少是“常驻民”。比如有一只叫大黄的猫，在2020年冬天离开我们之前，它是宫里年纪最大的猫，被称为“黄爷爷”。2007 年，大黄两岁，出去找“女朋友”时，钻进了电闸箱意外触电，幸亏检修师傅及时发现，把它救了出来。它的左耳因电击萎缩了一块。这件事情发生后，故宫就立刻出了规定，宫里的流浪猫全体实施科学喂养，按照国际惯例接受绝育手术，防止它们发情乱跑。

十几年前，大黄吃食堂的肉汤泡饭，体力好的时候会抓麻雀，给自己加餐。后来它上了年纪，牙齿掉光，只能吃颗粒比较小的猫粮。大黄脾气特别好，工作人员带它去上药，除耳螨，它很少反抗。最后几年它可能身体不太好了，不怎么爱动：天气好的时候，就趴在花坛里晒太阳；冬天，则躲到办公室，在屋子里一待就是一天。但是工作人员下班后，大黄就不能待在办公室了。工作人员专门给它买了一件粉红色的夹袄，防止它冻着。每次给它穿夹袄，它就趴下来，不情愿似的，好像知道照顾它的人要下班了。

除了对观众开放的区域能看到故宫猫的身影，不对外开放的工作区也是它们活动的乐园。在这里工作的许多文物修复专家都和小猫有深厚的友谊。比方说古书画修复室，那里有一方小小的院子，里面除了专家们种的花果蔬菜，还有好几只调皮的小猫，我们故宫博物院的第三代摹印人沈伟老师生前是出了名的“猫痴”。他给

故宫猫

最喜欢的两只猫起名叫“花子”和“灰子”，每次和朋友聚餐，不聊一下猫，酒都喝不下去！这些猫特别听话，从来都不捣乱。也不知道是不是长期住在宫里，受到的历史文化熏陶比较多，有些猫在老师们专心致志修复文物时，就趴在旁边目不转睛地看着。甚至老师离开一会儿，它们也不走，继续瞪着眼睛欣赏文物，我们就觉得这些猫真有艺术天赋！

可能有人会不太理解，故宫里的猫这

清　余省、张为邦　兽谱图册之猫页

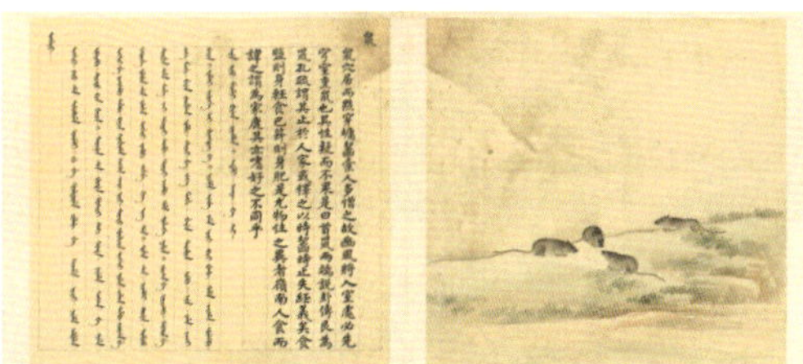

清　余省、张为邦　兽谱图册之鼠页

么多，还供它们吃喝，它们除了能卖萌，还能干什么呀？其实大家不知道，和现在很多懒洋洋的宠物猫不一样，故宫的猫个个都是捕鼠好手。故宫里头文物众多，除了对外展出的一小部分，大多数的文物都保管在仓库里，还有一些经由大师们的手正在修复中。这些文物是特别脆弱的，一旦遇上老鼠，就会造成不可估量的损失。这些猫可以说是库房保安、文物卫士，让文物免受老鼠的啃咬。景仁宫附近有只长毛猫叫“鳌拜”，它经常会叼着老鼠或者捕到的鸟雀，故意跑到观众面前吃，好像在炫耀一样。

大家在游览的过程中也会发现，这么大的故宫从来没有出现过老鼠乱窜的现象。老鼠听见了我们故宫猫的叫声，也只有抱头鼠窜的份儿了。每天下午5点半，故宫博物院员工下班后，白天懒洋洋的故宫猫就精神了起来。我们下班，它们上班。它们开始站岗、巡逻、放哨，保证紫禁城没有鼠患。所以故宫人爱猫，与猫共生。故宫猫有尊严地生活和工作着。有一只我命名的猫，叫作“平安”，因为抓老鼠有功，还获得了第一届优秀“猫员工”的称号。

紫禁城已经走入了新的600年。它要呈现给大众的，是一个更有温度、更加亲民、更有创意的艺术殿堂。而这些故宫猫，可以说是给这座宫殿增添生机与活力的不可或缺的大功臣。欢迎大家更多地走进故宫，感受历史底蕴之美，感受人文巧思之美，也感受人与自然和谐共生之美。

狗叫声

故宫里的『犬卫士』

大家好，我是单霁翔。46 种不同的声音，让你听到不一样的故宫。

今天的声音是故宫里的狗叫声。

相信大家对惹人喜爱的故宫猫已经非常熟悉了，但有的朋友会好奇，为什么在宫里碰到猫很容易，却几乎从来没有碰到过狗呢？其实，清代宫廷专设有鹰处、狗处，以供皇帝行围打猎之用。这里所说的狗，养在宫外，应当是猎犬。对于这些猎犬，通常给它们喂食猪肉、牛肉等鲜肉，有的特别得宠，还会得到皇帝赏赐的加餐。

除了猎狗之外，宫里也有宠物狗，清代宫廷档案中有《猫册》，同时也有《犬册》，体例一致，记载着它们的名字与生卒时间。狗的名字有栀子、玫瑰、喜姐、柿子、如意、妞儿等。而有一只名叫“可怜儿”的狗，仔细一看发现，原来它只活了一年零七个月就死了。它们通常的食物，是宫里人吃剩下的饭菜。别看这些宠物狗吃的是残羹冷炙，但皇家剩饭毕竟与众不同，也算是非常高的规格了。

在清朝的皇帝中，雍正皇帝是一位特别爱狗的皇帝，对于宠物狗衣食住行的各个方面，他都考虑得很周到，恨不得全由自己来操刀，可以说是清朝最走心的“宠物博主”。内务府造办处档案就透露出很

第一历史档案馆藏猫狗名册（复制品）

清　艾启蒙　十骏犬图册之雪爪卢页

多雍正皇帝和狗的互动。比如，他对爱犬的居住条件有着很高的要求。雍正三年（1725年）九月，他命造办处建造两座狗窝，并要求“外面吊氆氇，下铺羊皮”。

氆氇是一种织得很细的毡子，用来给狗挡风，既舒适，又保暖。狗特别喜欢趴在一些毛茸茸的地方，所以“下铺羊皮”，让狗睡得更舒服。可见雍正皇帝对于狗的习性观察得十分细致。除了定制狗窝，雍正皇帝还特制了狗笼，用于在宫里和各处行宫之间往来时运送自己的爱犬。令人难以置信的是，为造出一个皇帝满意的笼子，竟然用了一年多的时间。为了爱犬的舒适，雍正皇帝还命人为狗笼配上了红色氆氇的面和白色氆氇的里。第二年，大概是为了新年新气象，在前一年的基础上，又为狗笼配蓝布垫一件、白毡垫一件。几天后，又给狗笼做了一件深蓝色的布罩子。半年之后，蓝色的布罩子看腻了，雍正皇帝又命造办处做了一件红色布帘，时常与蓝色的换着用。这才最终完成了狗笼的全部设计。此外，他还亲自为宠物狗设计服装，多次修改，保证穿在狗身上的衣服暖和、结实、美观。如果雍正皇帝生活在今天，一定能成为一个颇有人气的宠物博主吧!

现在的故宫里也是养了狗的。它们是故宫忠诚的侍卫，保卫着紫禁城里百万件珍贵的文物，是故宫安防系统里不可或缺的好帮手。

清　红色闪缎狗衣面及里

现在的故宫里，同样也有一位爱狗如命的“狗队长”，负责照顾和训练宫里的巡逻犬已经有30多年了，他就是常福茂师傅。1987年，自幼喜欢养狗的常师傅，从故宫保卫处技术科的一名值班员，受命成为专门创办犬队的负责人。他养的那些狗，被

故宫犬

巡逻

称为“犬侍卫”或“侍卫犬”。此后，犬巡制在故宫博物院建立并逐步发展。由常师傅和他的徒弟带领十几条狗组成的犬队，正担负着越来越多的闭关清查、施工工地夜间蹲守和突发事件处置等安防工作。

常师傅在保卫处做值班员时，带了一只狗在身边，和自己一起值班。当时这件事被故宫默许了，但是那时候北京城禁止养狗。1987年4月，相关部门的人专门找到常师傅，让他必须尽快把狗处理掉，常师傅无奈只好把狗送走了。可就在两个多月后，故宫博物院发生了盗取藏品的案件。虽然嫌疑人被抓住了，并没有造成损失，但是也给所有人的内心敲了一记警钟。盗宝风波过去十多天后，技术科的领导找到常师傅，告诉他院里允许养狗了。因为这件事情震动了上层，领导也发话了，认为故宫里应该养几条警犬。偌大的故宫博物院，结构复杂，馆藏众多，单靠人力和技术来防盗是不够的。回顾以往的盗宝事件，清理场馆不到位是一个重要的原因。20世纪70年代，甚至有人藏在故宫里，偷食堂里的馒头。犬防不仅是增添防守措施，还能起到人与技术无法取代的重要作用。那些训练精良、凶悍异常的侍卫犬，每天都受命寻找可能留在任何一个角落里的人。

获准养犬后，院里当即拿出5000元买了两条警犬，后又从承德带回来两条。每天给这些侍卫犬拨五块钱伙食费，由常师傅负责喂养。有了侍卫犬，就得考虑它们的住处。当时考虑最多的，还有建立犬舍与故宫整体建筑风格要协调统一的问题，这让古建部的技术员头疼了很久。忙活了一两年，图纸改了又改，终于得到了文物局的批复。一批与故宫建筑融为一体的犬舍终于建了起来。曾经，武英殿对面的一百多平方米的区域，就是犬舍所在地。犬舍

巡逻

巡逻

刚刚建成时稍显寂寞，但随着入驻的警犬越来越多，以及常师傅的徒弟刘硕的加入，使得这里很快就热闹了起来。至此，由师徒两个人带领一批警犬组成的犬队，开始了故宫独立喂养、训练和犬巡的历史。犬队后来又迁至文华殿南面的区域。

犬队中的警犬来自几个不同的国家，

演练

有德国牧羊犬、罗德维拉犬，比利时的马林诺斯犬，以及英国的拉布拉多犬。它们训练精良、血统纯正，作为故宫的看门犬再合适不过了。由于没有专职的助驯员，常师傅和徒弟就分别成了训练扑咬时的假想敌。两个人身上都是伤痕累累，但他们仍然把养犬和驯犬当作一种乐趣。常师傅说："狗成才的比例是五六万分之一，而故宫犬侍卫的淘汰率也在百分之五六十左右。狗通人性，训练狗相当于和狗交朋友。"

故宫里的侍卫犬，或许很少与大家见面，但是在每天的观众离去后，它们都兢兢业业地巡逻、检查，保护着故宫的每一件珍贵文物。一声声的犬吠是它们忠于职守的体现。故宫猫负责消灭威胁文物的老鼠，侍卫犬负责搜寻可能存在的安全隐患。它们都是故宫里的"神兽"，能为故宫带来生机与活力，也带来踏实与安心。

乌鸦叫声

故宫为什么有这么多乌鸦

大家好，我是单霁翔。46 种不同的声音，让你听到不一样的故宫。

今天的声音，是故宫里乌鸦的叫声。

不知道来故宫游览的朋友们有没有注意过一个有趣的现象。每到黄昏时分，总会有成百上千只乌鸦从各处飞向紫禁城。故宫的管理人员甚至还总结出了乌鸦们的活动规律，那就是：乌鸦们总是日出时一拨拨地飞走，日落时又成群结队地飞回来，回来后会有一只首领一样的乌鸦先讲几分钟话，然后乌鸦们才会各自回去睡觉。

在传统观念里，大家都觉得乌鸦是一种不祥的鸟类，那为什么紫禁城里，会有这么多乌鸦呢？其实，很多人都不知道，在清代，乌鸦是一种非常神圣的动物，被大家当成是吉祥鸟，任何人都不能轻易伤害它们，否则会受到非常严厉的制裁。这还要从一个故事说起。

相传乌鸦救过努尔哈赤的命。最早，努尔哈赤在辽东总兵李成梁处当差，当时，因为万历皇帝的一个梦，朝廷正在密令捉拿一个“脚踏北斗七星的混龙”。李成梁无意间得知努尔哈赤的脚上有七颗痣，便准备把他押送进京献给皇帝。结果努尔哈赤在李总兵四夫人的暗中相助下，逃出了总兵府。李成梁发现后就带着军队

清　余省、张为邦　仿蒋廷锡鸟谱图册之乌鸦页

故宫里的乌鸦

一路追捕。就在努尔哈赤走投无路的时候，天上突然出现了一群乌鸦，落在了努尔哈赤身上挡住了他。当追兵赶到时，看见一群乌鸦站在“木桩”上，就转向别处追捕了。这个木桩当然就是被乌鸦们隐藏起来的努尔哈赤了。努尔哈赤也因此顺利逃脱，保全了性命。

在满族的历史中经常出现类似“神鸟救主”的故事。后金政权建立后，努尔哈赤感念乌鸦们的救命之恩，就把乌鸦当作“神鸟”，在每次祭天、祭祖的时候，让乌鸦也一起享用祭品。清朝皇帝们都认为，如果没有乌鸦相救，就没有后来的大清王朝，因此都对乌鸦心存感激之情，世代奉乌鸦为吉祥鸟，形成了爱戴和尊重乌鸦的传统，并称其为“玄鸟”。

在以前，紫禁城里的乌鸦有专门的人喂养，还会为它们举行隆重的祭祀仪式。在沈阳故宫清宁宫和北京故宫坤宁宫的庭院里，都有一种叫索伦杆的东西。这个索伦杆就是专门用来喂乌鸦的。索伦是满语，是汉语里“神”的意思。索伦杆的顶端有一个圆形的食斗，每当杀猪或者逢年过节，食斗里就会装满剁碎了的猪下水和各种谷物，供乌鸦们享用。旧时京城里的满族人家也会效仿，在院子里立上索伦杆。

其实，在真实的历史中，满族立杆祭天、喂乌鸦的习俗，比努尔哈赤时代要久远得多。满洲起源史中，有一篇叫作《乌布西奔妈妈》的史诗，记载着乌鸦格格的故事。故事说，天地初开的时候，宇宙万物之母阿布卡赫赫和耶鲁里打仗。阿布卡赫赫有一名忠实的侍女叫古尔苔，她为了取太阳火坠落冰山，误吃了耶鲁里吐出的乌草穗，“含恨死去，化作黑鸟，周身变成没有太阳的颜色，黑爪、壮嘴，号叫不息，奋力飞行盘桓于世间的山寨，巡夜传警，千年不惰，万年忠职”。萨满乌布西奔妈妈临终时叹咏：“要学乌鸦格格，为难而死，为难而生。部落兴旺，百业昌盛。”所以，乌鸦被视作满洲猎神的化身，是“看林子的格格”“林海女神”，猎人祭山林时都要先给乌鸦扬酒撒肉，取意平安吉祥。

这虽然是个神话，但是满族的贵族和百姓都非常相信这个故事，并且把它记入史册。立杆享鸦的初衷，就是表达对自己民族图腾的一种敬仰和崇拜。上古时候，为了解释自己氏族部落的起源而创造的神话传说，到头来被子孙后代视为本部族唯一的信史了。于是事情出现了颠倒：似乎是神创造了部族，而不是部族成员创造了想象中的始祖神……这些传说初看起来充满了神秘色彩，但是它们在某种程度上确实能反映部族在某个发展阶段的历史。

入主中原以后，清朝统治者在紫禁城坤宁宫祭祖的神像上，刻画了乌鸦的形象，宫殿前也设有索伦杆喂食乌鸦，皇帝皇后也都对乌鸦顶礼膜拜，表示没有忘记祖先开拓创业的艰难，把乌鸦视为护佑大清江山的神鸟。也正因为这样，在明朝的紫禁城里还并不多见的乌鸦，到了清代，就开始成群结队地栖息于紫禁城的殿宇古树之间了。

中华人民共和国成立后，故宫曾经有很长的一段时间都闭门谢客，不对外开放。空荡荡的紫禁城很快成了乌鸦们的乐园。那时候，北京汽车也不多，百姓家里也极少有电视、音响之类的东西，城市很安静，每天听到的声音，除了电报大楼的钟声就是乌鸦的叫声。这成为那段时间北京出了名的一景。皇城的乌鸦还沿袭着以前的老规矩，白天去郊外觅食，傍晚准时回到长安街和故宫。这好像已经成为一代又一代乌鸦的习性。

还有一件事说来令人称奇，那就是这么多乌鸦栖息紫禁城，为什么路面和宫殿的屋顶上都看不到鸟粪呢？路面的鸟屎或许会有工作人员细心清理，宫殿屋顶又如何打扫呢?

其实，早在明朝建立故宫的时候，设计

者就已经考虑到了这个问题。首先是故宫建筑上的涂料有一种特殊的味道，鸟类非常讨厌这种气味；其次，故宫的房顶使用黄色的琉璃瓦，宫墙全部粉刷成了红色。红色是鸟类最怕的颜色，现在的机场为了限制鸟类出现，也会用红色标志警示。红黄相间的建筑群在阳光下会发出非常耀眼的光芒，这不仅仅彰显了帝王九五至尊，还能够起到驱赶飞鸟和蚊虫的效果。最后，设计者们在建筑结构上也不含糊，故宫屋顶的琉璃瓦十分光滑，同时屋顶的坡度又很大，并非鸟类所青睐的平缓有摩擦力的屋顶，鸟类想要长时间地停留会很费力。这样，故宫的屋顶就因为鸟类很难站立而很少有鸟类光临。并且故宫的屋檐设置也很精妙，鸟儿们很难在屋檐底下筑巢，这样鸟类在故宫内的停留就更加受限制了。

现在，帝王将相早已成了历史，但乌鸦依然会在凌晨或黄昏，悠闲地在故宫中飞翔盘桓。大家下次再去故宫参观的时候，可以去找找坤宁宫的索伦杆遗迹。坤宁宫的索伦杆跟其他地方不同，每逢春秋大祭都要换一个新杆，所以那里的索伦杆

20 世纪初　坤宁宫前的索伦杆

是可以拆卸的。我们现在能看到的就只剩下一个石墩子，中间是一个方形的铁疙瘩，很像我们常见的旗杆，但好像被截断了一样。其实那就是索伦杆的基座，杆子不是被锯掉了，而是早年被拆走了。遗址的地点就在坤宁宫和交泰殿之间、靠近交泰殿后墙的地方。有兴趣的朋友，下次逛故宫的时候可别忘了去看一看。

鹿鸣声

没想到在故宫还能看到这样的展览

大家好，我是单霁翔。46 种不同的声音，让你听到不一样的故宫。

今天的声音是鹿鸣声。

大家可能会好奇，鹿鸣声怎么会出现在故宫里呢？说起来这还与2017年9月，故宫博物院与承德市文物局共同主办的一场展览有关。

这场展览名字叫“天禄永昌——故宫博物院藏瑞鹿文物特展”。为什么叫这个名字呢？天禄永昌，就是祈求天福常临、国祚永昌的意思，这里的“禄”字是俸禄的“禄”，还带有福气中“福”的寓意。鹿因为与福禄寿的“禄”同音，在民间一直是长寿的象征，被赋予了各种幸福吉祥的寓意。

不过故宫博物院的这场瑞鹿文物展览，跟大家平时在博物馆中看到的文物不太一样。“瑞鹿文物特展”分为两个场地：一处是展示静态文物的永寿宫，那里有书画、玉器、瓷器、家具等与鹿相关的文物；另外一处是慈宁宫花园，在那里，故宫请来了“特邀嘉宾”——来自承德避暑山庄的九只梅花鹿。为此，承德避暑山庄派了一名经验丰富的管理人员和一名兽医随行，随时保护梅花鹿的安全。慈宁宫花园的墙脚下也专门开辟出一块区域，安

20 世纪初　御花园鹿苑

“瑞鹿文物特展”中来自避暑山庄的鹿

装木地板和栅栏，好让这几只梅花鹿可以悠闲地生活，也让观众在欣赏精美文物的同时，还可以一睹瑞鹿的风采。

像这样把和宫廷生活有关的活的动物、植物引入到展览中，一动一静，“实物＋文物”两部分内容相结合，是故宫博物院近年来策划展览的一个新思路，也是希望能给来参观的朋友们带来新的观展体验。

实际上，这并不是鹿第一次“入宫”。在清代，故宫御花园就曾养过鹿，鹿苑设在如今故宫御花园的西南处，这里有一座名为“观鹿台”的高台。鹿苑和御花园东南角的鹤圈可以组成鹤鹿同春的景观。

清朝历来十分注重狩猎活动。每年的夏末秋初、白露前后，皇帝就会亲自率领王公大臣、八旗勇士1000余人到围场进行狩猎活动。“哨鹿”就是清朝皇帝钟爱的

明　朱瞻基射猎图轴

清　绵亿　猎骑图册

狩猎活动之一。天刚蒙蒙亮，在晨雾笼罩的树丛里，“哨鹿人”头顶鹿角，身披鹿皮，肩扛鹿哨，模仿鹿鸣声，吹出一阵阵惟妙惟肖的雄鹿叫声，吸引来雌鹿以及尾随其后的雄鹿。于是，一场盛大的狩猎活

清　沉香木根雕鹿

清　鹿角椅

动就开始了。

与故宫有渊源的动物除了鹿，还有金鱼等。据记载，明神宗万历皇帝就是个金鱼鉴

清　弘历击鹿图像轴

清　弘历一发双鹿图像轴

赏家，当时紫禁城里很多地方都有养金鱼的大鱼缸。每年的中秋节，各宫院都要举行赛金鱼的活动。到了清代，从雍正皇帝开始，北京的金鱼池每年都要挑选一批品质优良、品种新奇的金鱼送到宫中，蓄养在御花园内。鼎盛时期曾有279个宫廷金鱼品种争奇斗艳。皇宫、王府也都会雇请专业的养鱼人，他们被称为“鱼把式”。

延续着“实物＋文物”的展览思路，2019年7月，故宫博物院联合全国水产技术推广总站、北京市农业农村局，在延禧宫内共同主办了一场名为“观鱼知乐——宫廷金鱼文化与故宫博物院藏金鱼题材文物联展”的金鱼展。

故宫里那么多殿，为什么要把这个金鱼题材的展览放到延禧宫呢?

说起来，延禧宫跟金鱼之间颇有渊源。延禧宫是座命运特别坎坷的宫殿，历史上遭遇了好几次火灾。其中最严重的一次发生在清道光二十五年（1845年）。当时，延禧宫院落中的正殿、后殿及前后配殿全部焚毁，只有宫门幸免于难。此后延禧宫一直闲置，直到宣统年间，隆裕太后计划在延禧宫建一座西洋建筑——水殿。隆裕太后还专门为这座建筑题匾“灵沼轩”。只是还没等水殿修好，清王朝就覆灭了，留下延禧宫里这座西洋烂尾楼，俗称“水晶宫”。

不过，当年的水殿虽然没有完全建成，但是主体框架已经基本完成，建筑设计了专门养鱼的结构：水殿主楼每层九间，底层四面当中各开一门，四周环以围廊；四角各接三层六角亭一座，底层各开两门，分别与主楼和回廊相通。建筑的所有构架都是铁铸，殿内四根蟠龙纹柱也都是铸铁锻造。水殿的墙壁隔着两层玻璃，玻璃夹层里注水养鱼，在建筑外面也注水养鱼，环以假山。

2019年，故宫博物院宣布开启延禧宫区域建筑研究性保护和修缮工作，也许正是考虑到延禧宫与水和金鱼的那段“缘分”，所以宫廷金鱼展才在这里举办。

那次金鱼展，在延禧宫灵沼轩的东、西、南三侧排放了4个元宝形的大木海和12个圆形的小木海，用传统的方式展出来自北京、上海、天津、武汉、南京、福州、苏州等12个地区，一共42个品种的金鱼。这些金鱼很多都是难得一见的世间珍品，其中鹅头红、王字虎头、奶牛花兰寿、十二红龙睛蝶舞、雪青望天球等品种更是金鱼界里的翘楚。

除了动物，和宫廷生活有关的植物也曾被引进到展览中。实际上，早在2016年的春季，为了配合故宫博物院牡丹题材的文物联展，故宫在乾清门广场、隆宗门外广场、慈宁宫花园等区域摆放了12000盆洛阳牡丹，六天内就吸引了20余万人次的观众观看。秋天的时候，故宫又在乾清门广场、永寿宫、慈宁宫花园等区域摆放了3万余盆开封菊花和北海公园的精品菊花，与“故宫博物院藏菊花题材文物特展”相呼

“观鱼知乐——宫廷金鱼文化与故宫博物院藏金鱼题材文物联展”内景

"故宫博物院藏菊花题材文物特展"发布会及景观、文物

应，让观众能够在欣赏文物的同时，直观理解主题的含义，感受宫廷生活。文物与鲜花相得益彰，适时应景，让观众在古老的紫禁城中，观名花、赏珍品，领略文化之美。

把收藏在故宫里的文物结合实物一起展示，让历史长河中安静的文物“活起来”，是故宫博物院用现代表达方式激活传统文化生命力的又一创新之举。这样的文化展览方式，在展示宫廷生活风采、丰富参观感受的同时，也能让观众体验到独特的博物馆氛围和传统文化的魅力。

“故宫博物院藏菊花题材文物特展”展出文物

结束语

听 故宫里的声音

大家好，我是单霁翔！本书到这里也要告一个段落了，但是紫禁城的故事还会一直延续下去。

在过去600多年的岁月里，这座城静静地伫立在北京中轴线的中心，见证历史的风云变迁。如今，坐拥紫禁城的帝王们已经没入时光，但这座城本身，因为沉淀了历史、文化、艺术传承，而愈发美轮美奂。

自2012年起，故宫博物院就是世界上观众流量最大的博物馆，2019年的接待观众更是突破1900万人次。喜爱这座城的人们，从各个角度去关注它、接近它、了解它。有人爱它一砖一瓦中独具的魅力，有人爱它所藏珍品中的沧桑与辉煌，有人感动于匠人的坚毅，还有人可能没考虑那么多，就是喜欢各种各样有趣又实用的故宫文创产品。

而在《听见这座城》这个节目里，我们通过“故宫里的声音”这个横切面，用声音做媒介，把故宫的历史与现在、传统与创新，从一个全新的维度呈现给大家。

有的声音引导观众寻访故宫里的古建筑，领略古人的智慧。比如水法声带大家来到御花园，看古代工匠堆石成山的巧思；凿冰声带大家来到皇家冰窖，去一窥古代帝王如何过夏天。

太和殿雪景

有的声音带观众穿越时光，沉浸式体验传统。观众们可以跟着茶碗、茶碟的碰撞声，现场围观乾隆皇帝的宫廷年会；跟着中和韶乐的音乐声，体验在紫禁城过大年的仪式感。

有的声音打破空间隔阂，把观众拉进故宫，跟着宫里的叫卖声、故宫猫的叫声、自动讲解器的声音……来一场耳朵的游园之旅。

还有的声音连接古今，从历史照进现实：在鹿鸣声中，从紫禁城里的小动物，讲到故宫博物院的动物展览；在消防演练声中，从明清故宫的防火战，讲到如今故宫博物院为了平安故宫所做的努力。

这些各种各样的声音，如果你闭上眼睛去聆听的话，其实就是在用一种独特的方式与古人对话。或许，你所听到的声音，在几百年前也曾传入了古人的耳朵呢。

不过，故宫那么博大精深，46种声音，其实是远远不够的。我相信，虽然我的讲

接受《人物》杂志采访（2014 年 5 月 31 日）

参与《国家宝藏》拍摄（2017 年 11 月 20 日）

考察雪后观众接待环境（2015 年 11 月 22 日）

录制《国家宝藏》第二季总宣传片（2018 年 11 月 5 日）

述结束了，但对于故宫的了解、学习和研究远远不会到此结束。

故宫博物院拥有186万余件（套）文物，其中珍贵文物的比例高达93.2%，它所拥有的70多座大小宫殿，9000余间房屋也使它成为世界上现存规模最大、保存最为完整的木结构古建筑群。

可以说，中华五千多年的文明，都能在故宫博物院中看到对应的收藏。其中既包含华夏文明延绵不绝的生机，也有中华民族超脱浮沉的豁达。这些都是文化留给我们的财富，也是我们中华民族最有特色的故事。

我一直认为，人们走进故宫，不应该只是为了来“看皇帝”和“看皇帝住的地

北京电视台《我是规划师》节目拍摄（2019 年 12 月 2 日）

方”。在这里，你可以看到华夏文明从萌生到发展再到辉煌的一段文化历程。这里面，蕴含着一种文化的力量。

过去，很多人把博物馆中的文物看作是已经远离当今社会的东西，看作是已经没有生命的老物件，只是被观赏、被研究的对象。但是，我们希望通过声音让它们“活起来”，让我们的文化遗产能够活在当下、活在人们生活中。它们曾经有辉煌的过去，也应该有闪光的现在，并且还要充满生机地走向未来。文化遗产是一个国家的底蕴。文化底蕴是否深厚，不仅在于我们曾经拥有多少优秀文化，更在于我们今天还能拥有，以及未来还将传承下去多少优秀的文化。

最后，我衷心希望大家能够在聆听与阅读中去感受，更加喜爱我们的文化遗产，都参与到保护和传承文化遗产中来。

图书在版编目(CIP)数据

故宫的声音 / 单霁翔著 ; 周高亮摄影. -- 北京 : 故宫出版社, 2022.7
ISBN 978-7-5134-1478-4

Ⅰ. ①故… Ⅱ. ①单… ②周… Ⅲ. ①故宫-北京-通俗读物 Ⅳ. ① K928.74-49

中国版本图书馆 CIP 数据核字 (2022) 第 089959 号

故宫的声音

单霁翔 著
周高亮 摄影

出 版 人：章宏伟
责任编辑：徐 海 程 鹃
装帧设计：赵 谦
图片提供：故宫博物院数字与信息部
责任印制：常晓辉 顾从辉
出版发行：故宫出版社
地址：北京市东城区景山前街4号 邮编：100009
电话：010-85007800 010-85007817
邮箱：ggcb@culturefc.cn
制版印刷：北京雅昌艺术印刷有限公司
开 本：787毫米 × 1092毫米 1/16
印 张：17.5
字 数：210千字
版 次：2022年7月第1版
2022年7月第1次印刷
印 数：1-10000册
书 号：ISBN 978-7-5134-1478-4
定 价：96.00元